VIE

DU

PÈRE MURAT

MISSIONNAIRE APOSTOLIQUE

PAR

M. l'Abbé Jean-Baptiste SERRES

Supérieur de la Congrégation de l'Ermitage

Chanoine hon^{re} de St-Flour.

« Le bon M. Murat! il sera un jour le
« St-François-Régis de l'Auvergne. »

*(Paroles de M. Trippier, supérieur du
Grand-Séminaire ds St-Flour.)*

AURILLAC

IMPRIMERIE DE L. BONNET-PICUT

—

1875

VIE

DU

PÈRE MURAT

MISSIONNAIRE APOSTOLIQUE

VIE

DU

PÈRE MURAT

MISSIONNAIRE APOSTOLIQUE

PAR

Mgr l'Abbé Jean-Baptiste SERRES

Supérieur de la Congrégation de l'Ermitage

Chanoine hon^{re} de St-Flour.

« Le bon M. Murat ! il sera un jour le
« St-François-Régis de l'Auvergne. »

*(Paroles de M. Trippier, supérieur du
Grand-Séminaire ds St-Flour.)*

AURILLAC

IMPRIMERIE DE L. BONNET-PICUT

—

1875

PRÉFACE.

Des hommes éminents en sainteté et riches de grandes
œuvres sont morts à diverses époques sur le territoire de
l'Auvergne. Leur vie a été si pleine de mérites et leur
mort si précieuse devant Dieu que l'idée m'est venue de
redire cette mort et cette vie, de les redire aux pieuses
familles de ces saints, aux religieuses populations de
nos contrées qu'ils édifièrent, dans le temps, par leurs
vertus viriles, par leurs héroïques sacrifices et leur
ferveur d'apôtres, de les redire aussi aux jeunes gens de
mon pays et à mes frères dans le sacerdoce pour lesquels
ces hommes seront à jamais des modèles magnifiques.

Je les écris, ces pages, en présence de la postérité et
sous le regard de Dieu, demandant à Celui-ci de les
bénir, afin qu'elles aillent telles quelles porter aux âmes
bien nées, aux esprits qui aiment les grandes œuvres,
les nobles dévouements, un bonheur nouveau et quelques saintes émotions.

Dans un siècle où l'on s'ingénie à glorifier tant de
personnages désastreux, tant de réputations usurpées et
d'ignominies brillantes, il est bon de ne pas laisser la
vraie lumière sous le boisseau et dans l'ombre les gloi-
res méritées et les nobles figures ; il est bon de parler au

pays de ses propres enfants, de ceux qui ont travaillé à sa gloire, au bonheur de l'humanité, soit dans leur terre natale, soit en allant au loin, au prix de leur vie, exercer un ministère de dévouement et de civilisation. Il est utile de saisir au passage, dans les ténèbres du temps, leur sainteté lumineuse et embaumée, comme on saisit une lampe pour s'éclairer dans l'ombre, et d'en aspirer le parfum, dans les étouffements de là civilisation corrompue qui nous dévore, comme on aspire un courant d'air salubre à travers les miasmes et les pesanteurs d'un air fétide.

J'écrirai donc l'histoire de ces enfants de mon pays, et le lecteur, j'espère, y trouvera quelque profit et quelque édification. Il verra ce que peuvent le travail, le dévouement et la vertu à la poursuite d'un but déterminé, au service d'une idée généreuse; il verra à quelle hauteur ils élèvent l'homme.

L'homme ici bas vit au milieu de trois mondes : le monde de la nature, le monde de la grâce et le monde de l'humanité, trinité magnifique qui nous impose trois devoirs : le travail, la vertu, le dévouement. Le travail nous met en rapport avec la nature que nous domptons; la vertu nous met en rapport avec Dieu auquel nous nous unissons ; le dévouement nous met en rapport avec nos semblables que nous secourons dans les longues douleurs de leur courte vie.

Eh bien, ces trois devoirs que Dieu exige impérieusement de tout homme, les enfants de l'Auvergne dont je me propose d'écrire la vie, les ont accomplis avec une fermeté et une constance qui ne se sont jamais démenties, avec un courage qui est allé jusqu'à l'immolation. C'est du moins ce que j'ai constaté en étudiant leurs actes, leurs pensées, en écoutant leurs paroles, en passant leurs œuvres en revue. J'ai trouvé dans ces âmes un travail incessant, une vertu héroïque, un dévouement sans bornes.

Ces fils de mon pays, ils n'ont pas participé à cette défaillance générale des esprits, à cet abaissement des caractères, à cette absence de principes et de conviction qui font aujourd'hui la désolation des familles et la ruine des Etats contemporains. Ils ne sont pas allés à la dérive sur les grandes eaux du monde; ils ont su s'orienter sur l'Océan et ils sont arrivés bien loin dans la haute mer des choses saintes.

Ils n'ont pas été des inutiles, ceux-là, ils ont eu pour l'accomplissement de leurs devoirs une volonté de fer, et une volonté de fer est le trône de la gloire. Aussi ont-ils acquis, durant leur vie, une grande considération devant les hommes et, après leur mort, un grand mérite devant Dieu. Aussi sont-ils maintenant l'honneur de leur maison et la gloire de l'Auvergne.

Ce sont ces modèles que je présente à l'imitation de la jeunesse de mon pays. Elle aura profit et joie à contempler les traits de ces jeunes gens qui, nés dans les mêmes conditions qu'elle, ont grandi par le travail, le dévouement et la vertu et sont devenus de belles figures, de fécondes existences. Elle aimera à voir à l'œuvre, ces âmes vigoureusement trempées qui, d'échelon en échelon, ont gravi toutes les hauteurs du sacrifice, qui de leurs propres mains ont déchiré leurs cœurs, ont brisé tous les liens et s'en sont allés , dépouillés de tout , porter à leurs frères la foi, la civilisation et la vie.

D'ailleurs, je l'avoue, c'est un besoin pour moi d'envelopper le souvenir de ces enfants de ma terre natale des faibles hommages de mon amour et de les conserver à la vénération des générations de l'avenir. Je dirai mieux ; c'est un devoir de ne pas laisser s'abîmer dans les profondeurs de la tombe, ces vies si belles, si laborieuses, si pleines d'enseignements sacrés, de ne pas laisser s'éclipser dans la nuit des temps ces étoiles lumineuses du ciel de nos montagnes. Qu'on me permette donc de satisfaire ce besoin, d'accomplir ce devoir.

Je commencerai par raconter la vie d'un homme qui par son travail, sa vertu et son dévouement s'éleva, à un très-haut degré dans la sainteté et laissa à son pays un riche héritage d'œuvres saintes. Plus tard, si Dieu me donne vie, je dirai l'intéressante histoire de quelques autres jeunes gens qui, eux aussi, devinrent de beaux hommes.

DÉCLARATION DE L'AUTEUR.

En exécution du décret du pape Urbain VIII, je déclare que les titres de *Saint*, de *Bienheureux*, employés dans cet opuscule, n'ont qu'un sens restreint, non celui que donne l'Eglise, à laquelle je soumets avec respect ma personne et mes écrits.

VIE

DU PÈRE MURAT

MISSIONNAIRE APOSTOLIQUE.

> « Le bon M. Murat! il sera un jour le
> « St-François-Régis de l'Auvergne. »
>
> *(Paroles de M. Trippier, supérieur du
> Grand-Séminaire ds St-Flour.)*

CHAPITRE Ier.

**Les premières années du P. Murat. — Ses vertus précoces
et ses études. — Direction spirituelle.**

Le père Murat, un de ces prêtres éminents, que Dieu.
de temps à autre, donne au monde pour le salut des âmes
et l'honneur de son Église, naquit le 17 avril 1786, à Orciè-
res, gros village de la paroisse de Neuvéglise, dans la
Planèze basse, diocèse de St-Flour (Haute-Auvergne).

Son père Étienne, et sa mère, Marguerite Parra, honnêtes
cultivateurs, vivaient régulièrement dans la pratique de la
religion, au milieu de bons villageois qui ne connaissaient
de ce monde que le travail des champs, et de l'autre que
les vérités enseignées par le catéchisme.

Étienne et Marguerite eurent quatre enfants : une fille
et trois garçons. Aux familles fidèles, souvent Dieu donne
une illustration plus haute que la gloire de ce monde, en y
choisissant quelque ministre de ses œuvres. C'est ce qui

arriva pour la pieuse famille Murat. L'un des trois garçons fut appelé d'en-haut à l'état ecclésiastique, noble récompense de la vertu des ancêtres. Il s'appelait Jean. Est-ce une attention de la Providence qui a voulu faire de cet enfant un autre Jean-Baptiste ? On le croirait, car il y a eu dans le père Murat le zéle et l'austérité de Jean dans le désert.

Ce fut dans l'humble maison de son père que le petit Jean passa les années de la Révolution, entendant de loin les échos affaiblis de ses fureurs. Il avait quatre ans quand commença cet orage qui ravagea la France, et il vécut dix ans dans cette atmosphère chargée d'électricité, au milieu de ces abîmes qui se creusaient de toutes parts.

L'Église de St-Flour, comme toutes les Églises de France, était dans le deuil et comme anéantie. Son évêque, Mgr de Ruffo et, à sa suite, quatre cents prêtres erraient sur toutes les routes de l'exil ; un grand nombre se cachaient dans les antres et les bois sur toute la surface du territoire auvergnat ; plusieurs montèrent sur les échafauds dressés à St-Flour, à Aurillac, à Mauriac.

La famille Murat donnait asile aux proscrits. Femme courageuse et discrète, la mère exerçait un véritable apostolat, en conduisant furtivement ces pauvres prêtres à tous ceux qui avaient besoin de leur ministère, procurant ainsi aux âmes fidèles la seule consolation qui leur restât en ce monde et qui les élevât vers les lumineuses régions des espérances éternelles.

La persécution, loin d'affaiblir la foi du père, ne fit que la grandir. Plus tard, quand cet honnête chrétien perdit la vue, qu'il ne recouvra jamais, cette foi lui donna le courage de la résignation. Il répétait souvent cette parole qui témoignait de sa soumission chrétienne aux volontés de Dieu : « Je remercie la Providence de m'avoir rendu aveugle ; dans cet état je sers Dieu mieux que je ne faisais. »

Cette foi du père et de la mère passa avec toutes ses clartés dans le jeune Murat. Cet enfant, alors que tout croulait, que toutes les institutions tombaient en Auvergne, Dieu le faisait croître en âge et en vertus dans un coin reculé de nos montagnes, pour en faire plus tard l'instrument de ses miséricordes, c'est-à-dire le restaurateur de presque toutes ses institutions en ruine.

Le petit Jean eut-il à souffrir des maux de la Révolution ? Je l'ignore. Occupé à garder les troupeaux de son père, il vivait à l'écart ; son instruction première fut peu soignée. Sa mère, les prêtres qui se cachaient dans le village, lui enseignèrent, comme à la dérobée, les premiers éléments de la langue française et des vérités chrétiennes. « Il suça, pour ainsi dire, écrit un de ses biographes, la piété avec le lait d'une mère vraiment digne de ce nom, qui lui inspira de bonne heure l'amour et la crainte du Seigneur, et déposa dans ce jeune cœur la semence des vertus qu'il devait pratiquer plus tard avec tant d'éclat : pieuse éducation de la famille que rien ne supplée complètement. et qui est ordinairement décisive pour l'avenir. » (1)

Ces semences des vertus chrétiennes ne périrent pas. On raconte, il est vrai, que dans son enfance, Jean était remuant, et que la bonne mère disait souvent de lui : « Je ne puis le gouverner. » Mais cette énergie des premiers ans, une qualité plutôt qu'un défaut, était simplement la naissance et le premier jet de cette activité que le jeune homme, devenu prêtre, déploya avec tant de persistance dans le ministère des missions. Cette humeur remuante, apanage souvent des belles âmes, ne nuisit en rien à la piété native de l'enfant qui, en grandissant, devint sérieux et s'éloigna bientôt des amusements naturels au jeune âge.

Lorsque, plus tard, on demandait au vénérable mission-

(1) Notice sur le P. Murat, par M. Clauzet, curé doyen de Salers.

naire comment il avait passé les premières années de sa vie,
il répondait avec un humble sourire : « J'ai toujours été un
pauvre pécheur, mais toujours Dieu a été bon pour moi, et
je n'ai jamais oublié que j'avais une âme à sauver. »

Les rares contemporains de cette époque de sa vie, et
ceux qui en ont recueilli les traditions, sont moins réservés
dans l'éloge des vertus naissantes du futur apôtre. Ils at-
testent tous que le père Murat fut toujours un saint.

Cependant, les temps avançaient ; la Révolution touchait
à sa fin, épuisée par sa propre fureur. Jean avait quatorze
ans ; il vit les églises se rouvrir, les prêtres sortir de leurs
retraites ou revenir des terres étrangères. Ce fut dans ce
temps, peut-être un peu plus tôt, car j'ignore l'année pré-
cise de cette auguste cérémonie, que le jeune Murat reçut
pour la première fois, ce pain eucharistique qui fut la consolation de sa vie et l'espérance de sa mort.

Toujours est-il que, dès cette époque mémorable, l'amour
de Dieu prit dans le cœur du jeune homme de grands ac-
croissements, et ses qualités natives passèrent, par l'effet
de la grâce, à l'état de qualités surnaturelles, c'est-à-dire
de vertus, de sorte qu'on est assurément dans la vérité his-
torique quand on dit que l'âme du père Murat vit poindre
en elle, dès le premier âge, la lumineuse aurore des vertus
éminentes qui prirent si rapidement une teinte céleste, et
qui jetèrent dans la suite tant d'éclat dans les diverses
péripéties de la carrière apostolique.

La vie extérieure du futur missionnaire n'avait précisé-
ment rien de saillant. Jean était un jeune homme comme il
y en avait beaucoup à cette époque, simple, modeste, peu
instruit, respectueux et soumis. Mais sa vie intérieure, la
vie de son âme, fut de bonne heure douée d'une vitalité
puissante ; c'était comme un cep de vigne qui pousse invi-
siblement mais hâtivement ses plus fortes racines en terre
avant de paraître au grand air. Le mépris du monde, en

effet, l'amour de la solitude, une humilité profonde, un goût pour l'austérité fortement prononcé, un zèle dévorant, une délicatesse de conscience poussée jusqu'au scrupule, une pureté qui s'effrayait de tout, telles furent quelques-unes des vertus qui distinguèrent le P. Murat, même à cet âge des passions vives où il semble que la vertu soit impossible.

Par quelle voie se manifesta au jeune homme la vocation sacerdotale? Je ne le sais. Ce qu'il y a de certain, c'est que de bonne heure, au milieu des premiers troubles de sa jeune âme, alors que de juvéniles harmonies, de mystérieuses pensées commençaient à palpiter dans son cerveau et dans son cœur, le jeune Murat sentit se remuer en lui des aspirations saintes, et l'idée de se vouer à Dieu dans l'état ecclésiastique s'empara si vivement de son esprit, dès l'aurore de la raison et de la foi, qu'elle ne le quitta plus. Il voulut donc faire ses études ; il en manifesta le désir à ses parents qui, quoique peu riches, y consentirent volontiers.

Le collége de St-Flour ayant été réorganisé après la Révolution, le jeune Murat y commença son cours. Là, comme au village, il donna l'exemple d'une vie pure, modeste et laborieuse, s'acquittant, à la grande satisfaction de ses maîtres, de ses devoirs classiques et religieux, avec une ardeur et une simplicité qui faisaient l'édification des élèves et l'admiration des professeurs. Parmi ces professeurs étaient deux prêtres distingués, deux confesseurs de la foi, Avit et Giraldou qui, par leurs paroles et leurs vertus, contribuèrent beaucoup à affermir la vocation du jeune élève.

En 1806 M. Murat passa du collége au grand-séminaire, des lettres humaines aux lettres divines.

Mgr Jean-Éléonore de Belmont, ancien vicaire-général de Nîmes, ayant été nommé évêque de St-Flour en 1802, procéda, avec une sainte activité et avec le secours du célèbre abbé de Rochebrune, son grand-vicaire, à la réorganisation du diocèse, que la Révolution avait bouleversé. Une de ses œuvres de préférence, fut le rétablissement du Grand-Séminaire, seul moyen de combler les vides faits dans les rangs du clergé par le temps et l'échafaud. Il en confia la direction aux Sulpiciens, chez lesquels il avait fait ses études théologiques, et qu'il regardait, à juste titre, comme des maîtres habiles à former l'esprit et le cœur des élèves du sanctuaire. (1)

Durant les trois ans que l'abbé Murat resta dans ce noviciat sacerdotal, il trouva des modèles de piété dans les élèves et des directeurs dévoués dans les maîtres.

Il y avait à cette époque au Grand-Séminaire de St-Flour des séminaristes de grande valeur : les deux frères Chabrat, M. Lavialle, M. Deydier, M. Usse, etc. L'abbé Murat trouva en eux des rivaux dans la science et la piété, et des amis dont l'affection sainte se prolongea bien loin dans la vie et laissa jusqu'à la mort des souvenirs heureux. Ils devinrent plus tard ses compagnons d'apostolat, ou des missionnaires distingués dans les pays lointains.

M. Murat prit pour son guide spirituel, M. P. Montagnier, l'un des directeurs. Sa conscience délicate, la pureté virginale de son âme, le désir ardent d'avancer dans les sentiers de la vie divine le portaient à communiquer à ce père spirituel tout ce qui se passait dans son âme, à lui faire part, sans réserve, des peines, des doutes, des tentations, des mouvements divers qui le tourmentaient, qui semblaient vouloir l'arrêter dans le chemin de ses destinées heureuses.

---

(1) Parmi les Sulpiciens qui professèrent la théologie, au Grand-Séminaire de St-Flour après son rétablissement, on remarque M. Antoine Chanut, né à Antignac, qui fut plus tard supérieur du séminaire d'Issy, près de Paris, et qui a laissé une mémoire vénérée ; on y trouve encore Ambroise Maréchal, qui devint archevêque de Baltimore.

Pendant les vacances il lui écrivait pour lui demander des conseils. Nous avons retrouvé, Dieu en soit mille fois béni ! quelques lettres où ces communications intimes, cette effusion de deux âmes sont gravées et redites en une littérature pieuse,, douce, édifiante. Ce sont les réponses que faisait M. Montagnier aux lettres du jeune abbé Murat. (1)

Nous n'avons qu'à les lire pour savoir ce qui se passait dans le cœur du pieux séminariste. C'est l'histoire de son âme écrite par un Sulpicien. Voici une de ces lettres, adressée à « Monsieur Murat, clerc tonsuré, à Neuvéglise. »

« J'ai promis à Monsieur votre père, très-cher enfant, de vous répondre lorsque je serais arrivé au terme de mon voyage. Je tiens parole. Je suis arrivé avant-hier à Lyon ; hier j'écrivais à Monsieur le supérieur ; aujourd'hui j'aurai le plaisir de m'entretenir avec vous. Vous avez pris le bon parti en me faisant part de vos petites peines. Un mot de votre père spirituel dissipera tout. Je vais répondre, article par article, à votre bonne lettre,

« Pour le premier, la conduite est facile à tenir ; trois petits moyens à prendre : prévoir dans l'oraison et désavouer devant Dieu le plaisir indélibéré que la nature goûte dans la louange ; 2° rentrer en soi-même et s'humilier intérieurement, pendant qu'on nous loue, attribuant à Dieu tout le bien dont il s'agit ; 3° maintien, paroles ou silence modestes, tâchant de changer de suite de conversation, ou disant encore plus de cœur que de bouche : vous ne voyez que l'extérieur, mais Dieu qui voit l'intérieur, connaît toute la misère de mon âme.

« Si, malgré l'usage fidèle de ces moyens, vous continuez à éprouver dans la louange un plaisir involontaire, moquez-

---

(1) Ces lettres ont été trouvées à Salers parmi les papiers du P. Murat. Sans doute il les avait conservées comme un souvenir précieux de sa jeunesse cléricale.

vous en, et allez votre train. Ce qui est indélibéré est plutôt un sujet de mérite que de larmes.

« Par rapport au second point, la question est un peu plus générale. Vous me demandez si vous ferez bien de vous conformer à ce qui se pratique dans le séminaire, étant avec des ecclésiastiques livrés au saint ministère. Je réponds oui et non : oui, s'il s'agit de choses prescrites par les lois de l'Église et du diocèse ; non, s'il s'agit de choses de conseil. Je m'explique :

« Si les ecclésiastiques avec lesquels vous vivez se négligeaient un peu sur l'extérieur clérical, sur la tonsure, par exemple, ce ne serait pas une raison pour vous de vous dispenser de cette loi ; et s'ils s'oubliaient jusqu'à vous demander pourquoi vous ne les imitez pas en cela, vous leur répondriez d'un ton modeste que les statuts le veulent ainsi.

S'ils omettaient à l'église les cérémonies du chœur, je vous conseillerais de ne point les faire scrupuleusement, parce que cela nuirait à l'uniformité sans laquelle les cérémonies elles-mêmes seraient sans utilité. Il est vrai qu'elles sont prescrites en général par l'Église : mais, c'est sous entendu, autant que les circonstances particulières du lieu le permettent.

« Quant au troisième article, je distingue : Parlez tant que vous voudrez du bon Dieu et des choses spirituelles aux hommes de tout âge et aux femmes âgées, après avoir pourtant dirigé votre intention. Mais je trouve un grand inconvénient d'en parler aux jeunes personnes de l'autre sexe, parce qu'elles s'attachent trop aux jeunes gens, et que ces conversations pourraient être pour vous un sujet de tentation d'amour profane, et pour le prochain, une occasion de mal penser. Dans tous les cas, il faut toujours être circonspect dans vos paroles et ne point parler des choses dont vous n'êtes pas parfaitement sûr.

« Je vous embrasse bien tendrement, mon cher enfant ; continuez votre genre de vie ; il ne vous éloignera pas du but. N'ayez pas de regret de ce que l'étude languit un peu ; tout se retrouvera avec usure dans deux mois. Priez pour celui qui est, avec un attachement vraiment paternel, votre ami et guide spirituel. MONTAGNIER. — Lyon, 18 août.

« P.-S. — Mes respects et amitiés aux ecclésiastiques de votre paroisse que je connais. Si cette lettre est lue à St-Flour, offrez mes souvenirs affectueux à tous mes confrères. »

En lisant attentivement cette lettre, on voit avec évidence le genre de vie que menait M. Murat pendant les vacances, et ce qui se passait dans son âme ardente et avide de choses saintes : combattre l'orgueil, source de tous les vices, pratiquer les cérémonies de l'Église avec soin et exactitude, parler de religion et de piété aux personnes du monde afin de les mener à Dieu, se livrer à l'étude de la théologie et des autres sciences ecclésiastiques, telles étaient les occupations et les préoccupations du jeune et pieux abbé. Peut-on mieux employer le temps précieux des vacances annuelles ?

Après trois mois de repos, le pieux séminariste reprenait le chemin de St-Flour, où il retrouvait avec joie ses amis et surtout son père spirituel, dans le sein duquel, durant neuf mois, il versait son âme et son cœur.

CHAPITRE II.

L'abbé Murat et le Petit-Séminaire de Pleaux. Direction spirituelle.

Après la Révolution, le clergé étant peu nombreux, les paroisses souffraient, de sorte que les lévites du sanctuaire étaient envoyés de bonne heure aux différentes œuvres du diocèse. M. Murat n'était encore que clerc tonsuré lorsque l'autorité diocésaine jeta les yeux sur lui pour une mission importante et laborieuse. Sa piété, son bon jugement, son esprit de foi avaient attiré l'attention de ses supérieurs et fixé leur choix. Voici l'œuvre dont il s'agit :

Pierre Mailhes, né en 1769, d'une famille bourgeoise originaire du Theil, paroisse de St-Martin-Valmeroux, fit ses humanités à Mauriac et ses études théologiques à Clermont. La Révolution venue, il demeura inébranlable dans sa fidélité à l'Église, sa mère; et ayant refusé le serment à la constitution civile du clergé, il se cacha dans les montagnes de Salers et dans les vallées de Mauriac, où il rendit d'immenses services aux familles catholiques par son dévoûment, allant de l'une à l'autre, de nuit, pour leur administrer les sacrements et leur apporter les suprêmes consolations de la foi.

En 1795 et 1796, époque où le culte catholique était toléré jusqu'à un certain point, M. Mailhes fut nommé curé de Jaleyrac, par M. Mathieu de Condamine, qui avait tous les pouvoirs de vicaire-capitulaire qu'il tenait de Mgr de Bonald, cet illustre et saint évêque de Clermont, que la tourmente révolutionnaire avait chassé de France. La persécution ayant recommencé, M. Mailhes recommença sa vie de proscrit.

Après la Révolution, il fut nommé curé de la ville de Pleaux. Là, durant sa longue et laborieuse carrière pastorale, que la mort termina en 1828, il créa des œuvres importantes, entre autres un hospice pour les malades et les pauvres, un couvent de religieuses de Saint-Joseph pour l'éducation des jeunes filles, et un petit-séminaire pour les aspirants à la vie sacerdotale.

A peine fut-il curé de Pleaux, qu'attristé de la pénurie des prêtres dans le diocèse de St-Flour, il conçut l'idée généreuse de se faire instituteur, d'apprendre le latin à quelques enfants et de favoriser leur vocation à l'état ecclésiastique. Il se mit donc à réunir dans sa chambre quelques petits garçons et à les former à la vertu. Le nombre des élèves augmenta, et se voyant dans l'impossibilité de pouvoir, à lui seul, diriger une école, il demanda un aide. M. Murat fut choisi. Il quitte le Grand-Séminaire et se rend à Pleaux en 1809, riche de zèle et de bénédictions. Il travailla à l'œuvre sainte de cette institution naissante avec toute la force de sa jeunesse. Il faisait trois classes par jour. Il eut, pendant quelque temps, la direction de l'école sous l'autorité de M. Mailhes, qui en resta toujours le supérieur en titre.

M. Murat porta aux nobles fonctions d'instituteur de la jeunesse cette foi, ce dévoûment, cette charité qui constituèrent toujours son noble caractère. Il était comme un père au milieu de ses enfants, et il cherchait surtout à élever leurs âmes en même temps qu'à éclairer leurs esprits. C'était un instituteur religieux qui, tout en faisant des hommes, voulait surtout faire des chrétiens.

Au milieu des fatigues de sa nouvelle position, le pieux jeune homme ne perdait pas de vue le bien spirituel de son âme. Chaque jour il travaillait à l'embellir de toutes les vertus sacerdotales, aidé des pieux conseils de son directeur, auquel il continuait à écrire. M. Montagnier lui répondait de Saint-Flour ; ses lettres étaient adressées à M. Murat, instituteur, chez M. le curé de Pleaux. Elles ne portent que la date du mois, mais elles sont, pour le sûr, de l'année 1810. Voici celles que j'ai retrouvées ; elles sont, comme je l'ai déjà dit, l'histoire de l'âme du pieux séminariste.

« Saint-Flour, 1er mars. — Je réponds, mon bon ami, le 1er mars à votre lettre du 10 février. Vous vous tourmentez de votre état, et moi, je suis fortement persuadé que vous le devez trouver bon malgré ses imperfections, en remercier Dieu et travailler tout doucement chaque jour à l'améliorer par des résolutions bien déterminées, mais point trop fortes, autrement vous y manquerez toujours, et cela vous découragera.

« L'uniformité de vos occupations n'est point une raison de vous croire relâché dans le service de Dieu. Il est des temps où l'on avance dans le bien sans le voir, et c'est au directeur à en juger. Vous êtes entre bonnes mains ; laissez-vous conduire et rapportez-vous en à lui. Si vous accusez toujours les mêmes fautes, ce n'est pas un mal, pourvu que vous fassiez chaque jour quelques raisonnables efforts pour les rendre de moins en moins délibérées et de moins en moins fréquentes. Une vie sans fautes marquées serait plus de votre goût, mais l'humilité y perdrait. Restez donc comme vous êtes ; fréquentez les sacrements selon l'ordre du directeur actuel. Mais faites-le avec plus d'amour et de confiance. Que gagnez-vous à vous présenter à ce Sauveur aimable, le vrai père des âmes, comme un esclave accablé sous le poids de ses crimes et tout tremblant devant son juge ? Vous n'y gagnez rien ; vous y perdez, au contraire, la joie spirituelle qui est un des fruits les plus précieux de l'Esprit-Saint. Vous vous rendez les exercices de piété à charge, car rien n'est si onéreux à la nature que de toujours trembler. La crainte ferme le cœur, la confiance l'ouvre et le dilate. Quelle idée vous faites-vous du Maître généreux que vous servez ? Vous n'avez donc pas lu dans saint Paul que nous avons reçu dans les sacrements l'esprit d'adoption qui nous fait sans cesse crier du fond du cœur : Mon père ! mon père ! Vous n'avez donc pas remarqué avec quelle douceur Notre-Seigneur accueillait tous ceux qui avaient à lui parler : *Confide, fili, noli flere, misereor super terram !* Marchez donc dans la voie d'amour et de confiance en Dieu avec saint François de Sales et tous les vrais spirituels.

« Quant à la sobriété, je crois que la règle commune des jeunes tempéraments à laquelle vous ferez bien de vous en tenir, c'est de manger à peu près selon leur appétit, tâchant cependant de se tenir plutôt en deçà qu'au-delà ; et cela parce que, étant jeune et fortement appliqué tout le jour comme vous l'êtes, on dissipe beaucoup d'esprits vitaux, et ce n'est que par une nourriture abondante qu'on peut les réparer. Si cependant vous avez observé qu'en faisant un retranchement notable à votre portion ordinaire d'aliments, non-seulement vous n'en êtes ni affaibli, ni incommodé. mais encore plus dispos, vous pouvez essayer un régime plus restreint pendant huit jours et le continuer, si vous vous en trouvez bien.

« Venons à votre petite académie. Je commence par vous féliciter et de sa docilité et de ses succès. Heureux maître, si vous connaissiez votre bonheur ! J'approuve l'usage de Racine et de Rollin ; mais quelque chose qui vaudrait encore mieux, à mon avis, c'est la nouvelle rhétorique de Girard...

« Mon bon ami, ménagez votre santé, mais ne ménagez pas ma plume ; elle est toute à votre service. C'est un plaisir pour moi de contribuer à la paix de votre vie et au succès de votre institution. Priez pour moi et aimez-moi comme je vous aime. — P. Montagnier. — Bonneton vous salue. »

On voit par cette lettre que l'abbé Murat portait si loin la délicatesse de sa conscience, qu'il était dans un tremblement perpétuel et qu'il consultait sur toute chose, afin de ne pas marcher dans les ténèbres. Le saint jeune homme se croyait incapable d'exercer la charge qu'on lui avait confiée, et pourtant des pensées d'orgueil venaient le tourmenter. Il écrivit à ce sujet à son directeur qui lui répondit :

« Non, mon cher Murat, je ne cherche point à vous abuser. Le double caractère d'ami et de directeur que j'ai à votre égard rendrait la séduction trop peu excusable. Et c'est pour cela même que je me range dans le parti de ceux qui pensent que vous êtes en état de remplir avec honneur et succès le poste que vous occupez aujourd'hui, bien entendu en travaillant; que, dans la suite, lorsqu'on jugera à propos de vous ordonner prêtre et de vous envoyer dans le ministère, vous pourrez y faire du bien avec le seul degré de connaissance que je vous connais pour la théologie, pourvu que vous l'entreteniez par l'étude. Je vais vous dire d'où vient votre erreur. A mesure que votre jugement se forme par l'enseignement et que vous prenez du goût pour les études solides, vous apercevez de plus en plus ce qui vous manque, et le désir excessif de l'acquérir l'exagère à vos yeux. Je tombe d'accord avec vous qu'il entre beaucoup d'amour-propre là-dedans et plus de vaine gloire que de désir de répondre aux vues de Dieu sur vous. Mon ami, la paix de l'âme et l'abandon à la volonté de Dieu et à celle des supérieurs valent infiniment mieux que ce degré plus ou moins élevé de science dont l'acquisition paraît vous flatter si fort. D'ailleurs, le meilleur moyen d'apprendre est d'enseigner. Vous ne pouvez être mieux placé pour réparer le défaut de vos premières études. L'obligation où vous êtes de préparer une partie de votre besogne, est le meilleur moyen que vous ayez pour acquérir la connaissance des auteurs et des différentes parties de la littérature, telles que la grammaire, la géographie, l'éloquence, l'histoire ancienne, la théologie, la mythologie, le latin et, tout cela, pour l'employer ensuite à la gloire de Dieu et au salut du prochain.

« Continuez donc ce que vous faites, mais faites-le avec plus de calme, de paix et de désappropriation. Quand vous avez fait ce qui dépend de vous, remettez tout entre les mains de Dieu. Si l'orgueil vous fait la guerre, combattez-le par la prière et par la considération des maux qu'il cause à ses esclaves ; mais ne vous troublez pas, vous rappelant que l'orgueil est le premier des ennemis de notre salut et que c'est le dernier qui met bas les armes.

Quant aux petits enfants, je me contente de vous recommander de leur rendre la vertu aimable autant que vous le pourrez, en leur dépeignant dans le détail le bonheur que l'on goûte dans l'accomplissement de ses devoirs.

Mon cher enfant et ami, je vous conjure encore de nouveau de vous tenir l'âme en paix ; autrement ce ne serait pas l'esprit de Dieu qui vous animerait, mais l'esprit de ténèbres qui n'aime que le trouble. Comptez sur l'amitié et les prières de celui qui est avec un éternel attachement votre serviteur et ami. — P. Montagnier. St-Flour 17 juin. — Mes amitiés à M. Bonneton et mes civilités à MM. les missionnaires. »

M. Murat était directeur du Petit-Séminaire naissant, depuis le mois d'octobre 1809. Aux vacances de 1810, il y eut un changement. Un nouveau directeur fut envoyé à Pleaux, au grand contentement de l'abbé Murat qui avait toujours eu une grande répugnance à commander, et qui sans cesse tourmentait son collègue pour lui faire accepter la première place après M. Mailhes.

Après la rentrée des classes, le 29 octobre 1810, M. Montagnier lui écrivait :

« Tenez-vous toujours en paix, mon bon ami, et ne vous tourmentez pas des attaques et des retours subtils de l'amour-propre. Je crois vous avoir dit souvent que saint Augustin, saint Grégoire-le-Grand, saint Bernard, qui étaient bien d'autres hommes que vous, se plaignaient continuellement de ses sollicitations importunes. Vous n'avez rien à craindre, tant que vous l'improuverez et le repousserez. Ce mal se sert à lui-même de contre-poison par l'idée humiliante qu'il nous donne de nous-mêmes, en nous faisant apercevoir ce fond d'orgueil qui est en nous ; car, quoi de plus humiliant que l'orgueil, et comment peut-on s'excuser devant Dieu, quand on voit qu'au plus petit bien que l'on fait l'amour-propre accourt pour en avoir sa part ?

« Le petit démêlé d'humilité entre votre collègue et vous aura sûrement son remède dans l'arrivée d'un nouveau chef qu'on a dû vous envoyer. En quoi je vous félicite doublement, d'une part, pour être délivré du fardeau pesant de la supériorité, de l'autre, pour avoir un aide puissant qui fera bien sa part de la besogne et qui a, d'ailleurs, l'expérience dans l'enseignement. Ici, tout va bien, nous sommes nombreux, plus de quatre-vingt. Mes amitiés à M. Bonneton et mes civilités à M. Lafarge. »

Le P. Murat a toujours eu une rigueur sans pareille pour son corps, et pour la solitude un amour sans bornes. M. Montagnier lui donne à cet égard des avis pleins de sagesse :

« Calmez vos peines, mon bon ami, ce qui vous fatigue n'est rien. Si vous voulez encore prêter une oreille docile à l'organe dont Dieu a bien voulu se servir longtemps pour faire couler dans votre âme la parole de paix, je vous dirai : non, je ne suis point d'avis que vous augmentiez vos mortifications corporelles. Mortifiez les sens tant que vous voudrez, mais pour le corps, les bonnes règles prescrivent de ne jamais rien faire sans le conseil du directeur. Il faut se faire fixer un petit nombre de pratiques faciles auxquelles on s'en tiendra jusqu'à ce qu'on voit qu'on s'en acquitte fidèlement.

Nous avons toute la vie pour nous vaincre, mon très-cher ; ne vous flattez donc pas de venir à bout de tous vos mauvais penchants dans l'espace d'une année, ou même de quelques années. Saint Vincent de Paul employa quarante ans à se fortifier dans l'humilité ; saint François de Sales déclare qu'il travaillait depuis vingt ans à recueillir un peu de douceur. Sommes-nous plus que les saints ? Si vous ne vous conformez pas à ces maximes, vous n'aurez jamais de paix, et la vertu, qui doit faire notre bonheur sur la terre, autant que cet exil en est susceptible, sera pour vous la matière d'une infinité de scrupules et d'un trouble continuel, c'est-à-dire d'un petit enfer anticipé.

« Dans un deuxième article de votre lettre, vous parlez de l'aversion naturelle que vous avez pour la compagnie. Je crois, comme vous, qu'elle vient plutôt de l'amour-propre que de l'esprit de Dieu. Vous vous attacherez donc à la combattre pour plusieurs bonnes raisons : vous savez qu'il faut un peu de compagnie pour faire diversion avec ses idées. De plus, il faut apprendre à parler et à vivre, et c'est ce que vous n'apprendrez jamais, en fuyant les compagnies honnêtes des personnes avec qui vous vivez, desquelles seules il peut être ici question. Enfin, il faut contribuer aux frais de la société dans laquelle on vit : c'est un devoir de charité. Vous avez beau dire que vous craignez plutôt d'être à charge : quand vous irez de bon cœur, faisant ce qui dépend de vous pour rendre votre conversation agréable aux autres, vous finirez par être reçu et vu avec plaisir. Ne vous tourmentez pas de ce que vous n'êtes pas en état d'y paraître avec distinction. Les personnes avec lesquelles vous vivez, sont trop raisonnables pour attendre, d'une personne qui commence, un entretien aussi varié et aussi savant que celui d'un professeur de quarante ans. Ce sera encore un excellent moyen de triompher de votre vanité. Un ecclésiastique doit fuir la compagnie en général, mais il ne doit pas trop laisser apercevoir son goût pour la solitude aux hommes qui ont à traiter avec lui, sans quoi ils n'oseront l'aborder, et lui-même aura moins d'accès auprès d'eux pour les gagner à Dieu.

« Quant a la sobriété dans les repas, vous devez manger à peu près selon votre appétit, puisque vous êtes jeune et qu'il faut prendre des forces, ayant soin de vous priver toujours de quelque petite chose, soit sur la qualité ou la quantité des mets. Il faut observer que, lorsque en entrant à table, on ne se sent pas l'estomac bien disposé, il faut avoir assez d'empire sur soi-même pour diminuer plus ou moins la mesure d'aliments. Quand, après toutes ces précautions, il arrive qu'on se sent incommodé, il ne faut point en avoir du scrupule ; c'est une preuve qu'il y a quelque cause physique qui nous dérange.

« Votre petit règlement me paraît bon. A votre place, j'alternerais l'objet de l'heure consacrée à la lecture : un jour je lirais quelque bon modèle de prédication ; un autre jour, ce serait l'histoire ecclésiastique. Les parties de la théologie qu'il faut voir sont les *Actes humains* et la *Pénitence* pour la morale, et pour le dogme, la *Religion* et l'*Église*.

« Je vous embrasse bien tendrement, je ne vous dis rien de notre séminaire, parce que M. Bonhomme doit vous en parler. — Montagnier. — St-Flour, 15 décembre. — M. Bourdon vous fait ses amitiés. Je salue affectueusement M. Lafarge. »

CHAPITRE III.

**Paix et trouble. — Ordination. — Humilité profonde
du P. Murat.**

Continuons à éditer l'histoire de l'âme pieuse du jeune
fondateur du Petit-Séminaire diocésain. Le 20 janvier 1811,
M. Montagnier lui écrivait :

« Mon très cher enfant, je suis singulièrement touché de
l'affection filiale que votre cœur continue à ressentir pour
moi. Soyez persuadé que ces bons sentiments ne s'adressent
point à un ingrat. Mon cœur vous paie d'un juste retour, et
c'est au pied des autels surtout que j'aime à me rappeler
et les grâces dont Dieu vous a comblé, et vos bons sentiments pour moi. Que j'aie donc de grâces à rendre à l'aimable Providence de vous avoir inspiré d'entrer dans ces sentiers de paix et de lumière où je vous appelle depuis si
longtemps à ma suite ! C'est une grâce que je veux lui
demander souvent pour vous. Ne vous reprochez pas, mon
cher fils, le plaisir innocent que vous goûtez à répandre
votre cœur dans celui d'un père. Il est permis de dire à un
directeur le bien comme le mal, pourvu que vous songiez,
en commençant l'épanchement de cœur, à tout rapporter à
Dieu, l'auteur de tout bien. Je vous assure que votre chère
lettre m'a causé une extrême satisfaction pour la joie spiri-
rituelle qu'elle respire. Continuez à marcher dans cette voie
lumineuse et paisible où le Seigneur a conduit vos pas.

« Combattez vos défauts avec patience et avec douceur,
travaillant au jour la journée, et ne regardant dans l'avenir
que la céleste patrie promise à vos victoires journalières
et cachées. C'est là, mon bon ami, j'espère, que nous

serons réunis dans d'ineffables transports, si nous continuons, l'un et l'autre, à bien combattre. Point de dépit
d'amour-propre, je vous en prie, si nous sommes battus
quelquefois ; mais relevons-nous avec une humble confiance
et un nouveau courage.

« J'ai fait la commission dont vous m'avez chargé pour votre jeune homme auprès de M. Delmas. Rendez avec usure à
M. Lafarge les choses les plus honnêtes qu'il me dit. Je
suis surpris de ce qu'on a tant tardé à lui remettre la caisse
des livres que j'ai achetés pour lui. Vous savez qu'il y en a
un pour vous. Je vous ai apporté un *totum* qui sera ici tout
prêt quand vous viendrez pour l'ordination. Ne m'oubliez
pas auprès de M. le curé de Pleaux. Faites votre sacrifice
d'une année de plus au séminaire. La pénurie des sujets ne
permettra pas à ces messieurs de différer votre appel aux
Saints-Ordres. Mais en même temps je vous déclare de la
part du Souverain-Prêtre qu'aucun secours ne vous man-
quera dans le ministère, si vous n'y entrez que par soumission à l'ordre de vos supérieurs. N'oubliez pas le mot qui
fut dit à saint Paul pour l'encourager à prêcher l'Évangile
aux Corinthiens : *Noli timere sed loquere, ne toccas propter
quod ego sum tecum.* Je vois aussi avec plaisir que vous
n'êtes pas aussi écrasé que l'année dernière. Votre santé
y gagne et votre avancement également. Que le Seigneur
soit donc béni de tant de grâces. — Montagnier. — Saint-
Flour, 20 janvier 1811. »

Après le temps serein, le temps d'orage. Le P. Murat ne
jouit pas longtemps de la paix et des joies spirituelles dont
il est parlé dans la lettre précédente. L'approche de l'ordination aux Saints-Ordres dont il se croyait indigne, souleva
bientôt des troubles dans cette âme craintive et délicate. Et
puis les malheurs du temps, le veuvage de l'Église de
Saint-Flour, les démêlés de Napoléon et du Souverain
Pontife, le départ récent pour les missions américaines des

jeunes séminaristes Chabrat, Deydier et Romeuf qu'il avait connus, tout cela vint de plus en plus agiter l'esprit et le cœur du jeune professeur que le zèle du salut des âmes dévorait déjà. Mille idées se croisaient dans son imagination ardente. Il en écrivit à son directeur qui lui répondit le 18 avril 1811 :

« Vous me demandez deux choses, mon cher enfant, l'une s'il ne serait pas à propos de différer votre ordination; l'autre, si vous feriez bien d'aller évangliser les nations d'outre-mer. Voici ma réponse au premier article :

« Il me paraît que vous ne pouvez plus reculer raisonnablement, puisque vous avez déjà obtenu un délai de vos supérieurs, et que la volonté de Dieu se manifeste par la leur.

« Au second je réponds : vous savez que je n'ai jamais décidé en faveur de ces missions lointaines, à moins de voir certains signes extraordinaires qui sembleraient marquer clairement la volonté de Dieu. Je prononce donc que vous devez rester dans le diocèse où la Providence vous a placé, car je ne vois pas en vous ces signes extraordinaires. D'ailleurs, les sujets manquent dans le diocèse de St-Flour, et ce serait mal de lui enlever les travailleurs dont il a un si pressant besoin.

« Les circonstances, quoi qu'en disent les hommes d'expérience, ne me paraissent pas un motif de quitter la France, non seulement parce qu'un bon soldat ne doit pas demander son congé à la veille d'une bataille, mais parce que je ne crois pas que la milice sainte se trouve dans le cas de mettre l'épée à la main, si ce n'est contre les ennemis ordinaires : l'ignorance, les passions, les vices, les scandales. Quant à l'hérésie, le schisme ou la persécution, j'espère que la divine protection de l'Esprit-Saint ne permettra pas qu'ils s'élèvent contre l'Eglise. Je gémis, mais je ne tremble pas. Si ma sécurité étonne les âmes timides, leurs terreurs me surprennent bien davantage. Il me semble véritablement qu'un sentiment d'exagération s'est emparé de toutes ces têtes. Du reste, je leur accorde, tant qu'on voudra, plus de prévoyance, plus de pénétration dans les événements, plus d'expérience et de lumière dans la conduite des choses humaines que je n'en puis avoir ; et pourtant, croyez-moi, priez, espérez et restez tranquille, et vous vous en trouverez bien. Courage, mon bon ami ! Que la vue de vos défauts ne vous arrête pas dans la carrière du sacerdoce. La vraie humilité n'est jamais séparée de la confiance en Dieu. On n'attend rien de soi, mais on attend tout de Dieu.

« Vous vous fatiguez de vos sécheresses ; il n'y faut pas faire plus de fond que sur vos ferveurs ; les unes et les autres manquent de stabilité ; c'est un bien ; c'est afin que nous prenions l'habitude de servir Dieu plus par choix et par volonté nue que par goût. C'est ce que Dieu demande uniquement ; le reste n'est bon que pour nous amener là. Vous comptez vos misères ; le nombre n'y fait rien, comptez vos ressources ; elles sont plus multiples encore. Ne craignez rien tant que vous vous sentirez dans le cœur un désir sincère de travailler à les guérir. Ce désir, vous l'avez ; je le sais : il n'est quelquefois que trop vif et trop importun ; en cela il ne vient pas de Dieu, mais de son ennemi, qui est l'amour-propre. Je vous embrasse bien tendrement et suis plein de confiance en Dieu pour vous. Votre ami. P. Montagnier. — St-Flour, 18 avril. — P. S. M. le supérieur est d'avis que vous vous teniez prêt pour l'ordination de la Trinité, si elle a lieu. Si elle n'a pas lieu, vous serez averti. Il juge aussi que vous devez venir ici pour faire votre retraite. »

M. Murat fut ordonné sous-diacre à la Trinité 1811. Aux

vacances qui suivirent, fut agitée une question qu'il regardait comme très-importante. Serait-il renvoyé au Petit-Séminaire de Pleaux, ou lui permettrait-on de faire une année de plus de théologie, comme il le désirait vivement? Il fit dans ce dernier sens ses réflexions, mais avec un esprit de soumission parfaite et une humilité profonde.

« Malgré le grand désir que j'ai d'obéir à mes supérieurs, écrivit-il, et la tranquillité où je suis en faisant leur volonté que je regarde comme celle de Dieu, je ne puis me dispenser de soumettre à leur sagesse les réflexions suivantes :

« 1° Si vous voulez que je revienne à Pleaux, je vous prie d'observer que pendant les deux ans que j'y ai resté, étant obligé de faire trois classes, j'avais à peine le temps de prendre mes repas, et que j'étais bien content si, en y employant le temps de la récréation et les jours de vacances, je pouvais venir à bout de mes affaires. Oh! comment, cette année, pourrai-je m'en sortir, puisque, outre le même nombre de classes, j'aurai le saint office à dire, qui me tiendra au moins deux heures et demie au commencement.

« 2° Ne croyez pas que je sois grandement désiré à Pleaux et que, tant que vous n'enverrez à cette institution que des gens aussi peu sensés que moi, vous attirerez la confiance des parents et des enfants. Je suis persuadé que ceux que vous y enverrez, quels qu'ils soient, y feront mieux que moi. J'ai cette institution trop à cœur, pour vouloir lui nuire en cherchant mon propre avantage.

« 3° Quand je vins au séminaire, à peine entendais-je le latin de ma théologie; je n'ai donc presque rien appris pendant les trois ans que j'y ai resté; mais que deviendrai-je si, après avoir enseigné pendant trois ans les éléments de la langue latine, je me voyais obligé d'exercer *artem artium*, sans en connaître presque aucune règle?

« 4° En cela je ne cherche pas mon avantage temporel, car je puis vous assurer que, si j'ai le bonheur d'être admis une autre année au grand séminaire, je serai obligé d'emprunter pour payer ma pension, vu que mes parents, qui se sont épuisés pour moi, ne peuvent plus me fournir. Je pensais que m'étant contenté d'une rétribution assez modique qui à peine suffisait pour les plus petites dépenses, on pourrait me faire avoir une bourse au séminaire ; mais sans doute qu'il y en aura d'autres qui en seront beaucoup moins indignes que moi.

« Si nonobstant les raisons que j'ai l'honneur de soumettre à votre sagesse, vous persistez à vouloir me faire aller à Pleaux, je m'y rendrai incessamment, quoique je craigne beaucoup pour ma santé que je sens être épuisée par le travail et les soucis que j'ai eus à Pleaux. Je vous demande bien pardon de la liberté que je prends ; je suis persuadé que vous avez des choses bien plus importantes à traiter que celle-là ; mais le désir que j'ai de suivre l'ordre de la Providence, me fait recourir à vous en qui je crois pouvoir le trouver. »

M. Murat obtint-il gain de cause ? passa-t-il l'année scolaire 1811-1812 à Pleaux ou à St-Flour ? Je l'ignore.

Ce que je sais, c'est qu'il fut ordonné diacre et prêtre à l'ordination de Pâques, au mois de mars 1812 par l'évêque de Clermont, vers lequel il fut envoyé par lettres dimissoriales datées du 9 mars 1812 et signées Guillaume-Auguste Jaubert.

Dès lors, muni de l'onction sacrée, le nouveau prêtre se trouva debout devant l'ennemi comme un soldat vaillant, tout prêt à remplir dans le sacerdoce les fonctions de médecin et de docteur des âmes.

CHAPITRE IV.

L'Église de St-Flour. — Départ des Sulpiciens. — M. Murat au Grand-Séminaire. — Suite de la correspondance de son Directeur.

Les temps étaient mauvais. Napoléon, devenu persécuteur, retenait le pape Pie VII prisonnier à Savone d'abord, puis à Fontainebleau, et réunissait à Paris un prétendu concile dans des vues ambitieuses et schismatiques. Ces tristes événements qui bouleversaient l'Église, eurent leur contre-coup dans le diocèse de St-Flour.

Mgr de Belmont était mort à Paris en 1808, et le chapitre cathédral avait nommé M. Brugier de Rochebrune vicaire capitulaire. Né à St-Flour, docteur de Sorbonne, vicaire général avant la Révolution, confesseur de la foi, chanoine de la cathédrale, grand-vicaire sous Mgr de Belmont, homme d'une modestie telle qu'il refusa les évêchés de Montpellier et de St-Flour, l'abbé de Rochebrune a été mêlé à l'administration du diocèse de St-Flour pendant plus de 50 ans, et toujours avec dévouement et à la grande satisfaction des fidèles et du clergé.

Après la mort de Mgr de Belmont, plusieurs ecclésiastiques furent nommés à l'évêché de St-Flour ; mais à cause des différends qui existaient entre le Pape et l'Empereur, ils ne reçurent pas leur institution canonique. Le premier fut M. de Voisins, curé de St-Étienne-du-Mont, à Paris, qui mourut peu après sa nomination ; le second, M. Jaubert, vicaire-général de Bordeaux, sa ville natale, se rendit à St-Flour, mais comme ses bulles n'arrivaient pas, il se contenta d'administrer le discèse de concert avec M. de Rochebrune. Il attendit son institution pendant trois ans, 1811, 1812, 1813, et elle n'arriva pas.

Ce déplorable veuvage du diocèse de Saint-Flour remplissait d'amertume l'âme sainte du P. Murat, dont la foi vive souffrait énormément des douleurs de l'Église. Ce qui mit le comble à ses épreuves, ce fut le départ des Sulpiciens, dont la congrégation fut dissoute, en 1812, par l'empereur Napoléon, furieux de la trouver peu docile à ses projets schismatiques.

La direction du Grand-Séminaire de St-Flour fut confiée à des prêtres séculiers du diocèse que *l'évêque noir*, M. Jaubert, alla lui-même installer.

M. Bellet, natif de Talizat, qui avait successivement rempli la charge de gouverneur du prince de Rohan, de recteur de l'Université de Malte, de curé de Pierrefort et de principal du collége d'Aurillac, fut nommé supérieur du Grand-Séminaire, et par sa science, ses vertus, sa générosité et son zèle, il fit un bien prodigieux dans ce poste de confiance qu'il occupa de 1813 à 1817.

Le P. Murat fut appelé à occuper la charge de directeur et celle d'économe au séminaire, et il s'y appliqua avec son zèle dévorant et son activité qui ne connaissait pas de bornes. Il regrettait vivement le départ des Sulpiciens, surtout celui de M. Montagnier, ce guide habile de son âme. Il continua à lui écrire, et celui-ci continua à lui répondre. Nous avons trouvé quatre lettres écrites par M. Montagnier à M. Murat, économe au Grand-Séminaire de St-Flour, les voici; c'est la continuation de l'histoire intime du P. Murat :

« Très-cher Murat, le temps me dure bien d'avoir de vos nouvelles, et par vous de celles de tous les bons Auvergnats de notre connaissance commune. Comment va le combat spirituel ? L'année 1812 vous a-t-elle moissonné de nouveaux lauriers dans la milice sainte ? Comment vous trouvez-vous dans votre nouvelle profession ? Enfin jouissez-vous d'une bonne santé ? La réponse à ces questions m'intéresse vivement.

« Je demande à Dieu tous les jours à l'autel que vous soyez dans le cas de m'y répondre d'une manière satisfaisante. Je vous avais bien dit que les intervalles de temps et de lieux n'effaceraient pas votre souvenir dans mon cœur, ni celui de tous vos bons compagnons. Ces liens sont trop bien cimentés pour n'être pas à l'épreuve des vicissitudes humaines... Dites à vos enfants, de ma part, tout ce qui se peut de plus affectueux et de plus paternel. Il n'y en a aucun dont je ne reçusse des nouvelles avec plaisir. S'ils vous demandent des miennes, vous leur direz que j'ai échangé la chaire de théologie contre la houlette de pasteur, que je suis curé de Bey-en-Bresse, près Thoissey, département de l'Ain... J'espère, mon cher ami, que vous ne balancerez pas à satisfaire l'empressement que j'ai de recevoir des détails de tout ce qui vous intéresse. »

« Mon brave Murat, c'est par le moyen de notre cher Espagnol Garcia que je suis instruit que vous m'avez écrit. Votre lettre ne m'est point parvenue. Je vous préviens, mon bon ami, que, pour vous tirer de peine et pour ne vous laisser aucun doute de la persévérance de mon amitié, j'ai souvent élevé les mains au ciel en votre faveur, depuis ces tristes adieux. Combien de fois j'ai réveillé le souvenir des marques touchantes d'attachement que vous m'avez données dans le temps de nos rapports intérieurs ! Les sentir et y répondre par un juste retour, c'est tout ce qu'il m'est donné de faire aujourd'hui. Je prends part à vos peines ; je les recommande au Seigneur, et j'invoque pour vous les divines lumières pour vous guider dans cette nouvelle route. — Roanne, 28 mars. »

La troisième lettre est écrite de Lyon et datée du 16 mai.

« Je bénis la Providence, mon cher Murat, de m'avoir fourni une occasion de recevoir de vos chères nouvelles. Je suis bien touché de la communication que vous me faites de vos peines ; j'y prends une très-vive part. J'ai prié tous les jours le Seigneur de les adoucir par sa grâce. Vous en avez fait autant de votre côté, et il paraît que ce n'a pas été en vain, puisque le Seigneur, dites-vous, est toujours venu à votre secours ; je l'en remercie mille fois. Je vous l'avais bien dit qu'il serait votre fidèle consolateur. Quoique vous vous appeliez orphelin en un sens, vous ne l'êtes pas, quand Jésus vous fait sentir la douceur de ses consolations. Oh ! non, cher enfant, je conviens de la grandeur de votre épreuve, puisqu'elle a été si forte pour moi ; mais, remarquez bien cet avis : quand Dieu veut faire de nous quelque chose de bon, il nous enlève les appuis sensibles auxquels nous tenons quelquefois trop vivement, et nous fait agir quelquefois par le seul mouvement de sa grâce. Cela nous fortifie, cela nous aguerrit dans les combats du Seigneur ; cela tire notre vertu d'une espèce d'enfance où elle serait toujours restée sans cette épreuve. Dieu seul, mon bon ami, Dieu seul, en tout et partout ! Vous sentez le besoin d'un aide qui vous aime et qui vous traite comme je faisais, patience ! Dieu en a beaucoup de semblables et de meilleurs dans ses trésors ; il vous en donnera un quand il sera temps. Mais celui que vous avez perdu vous sera toujours très-voisin par les prières et par les sentiments ; il n'y a pas de loi contre cette manière de communiquer ; jamais la distance des lieux ni la longueur des absences ne peut désunir des cœurs unis en Jésus-Christ. Vous me causez une grande joie en m'apprenant que l'ordre s'est rétabli et le moyen dont Dieu s'est servi pour cela. J'embrasse tous mes chers enfants dont le souvenir me touche et que je mets souvent sur la patène au saint Sacrifice. Restez au milieu d'eux et tâchez de leur retracer par vos bonnes manières l'affection avec laquelle nous les traitions. Dieu vous a donné tout ce qu'il faut pour cela.... »

La dernière lettre nous parle des combats intérieurs du P. Murat et de quelques moyens que lui donne M. Montagnier pour vaincre.

« De l'hôpital de Roanne, département de la Loire, 26 juillet. Mon cher ami, que votre lettre m'a fait de plaisir ! Que les sentiments que vous me gardez me sont chers ! Ils répondent bien exactement à ceux que j'ai pour vous. J'en parle à Dieu dans toute l'effusion de mon cœur, et les intérêts de votre âme me seront toujours sacrés. D'après le compte que vous me rendez de son état présent, je trouve qu'elle est assez bien. Une paix sans combats n'est pas de ce monde. Vous avez des assauts à essuyer, mais vous êtes souvent vainqueur ; ce sont des escarmouches mais non des actions générales. Cependant, pour vous encourager, je vous dirai que de grandes consolations vous attendent, même dès ce monde, si vous vous défendez en vrai soldat de Jésus-Christ. A mesure qu'on terrasse un ennemi ou du moins qu'on l'affaiblit, l'espérance de la victoire augmente, la confiance au secours divin est plus vive, on sent mieux le néant de tout ce qui se passe. Dégoûté des passions, on se jette avec impétuosité dans le sein de Celui qui peut seul remplir le vide immense de notre cœur ; on salue de loin l'éternité comme la seule région de bonheur ; on ne goûte chaque objet particulier qu'à proportion de son rapport avec la vraie béatitude ; plus j'avance dans la vie, plus je vois se vérifier cette maxime.

Que pouvez-vous faire de mieux, mon très-cher, que de former directement les ministres du saint autel ? Ceux qui élèvent les enfants qu'on y destine font beaucoup de bien, j'en conviens, mais c'en est encore un plus grand à mon avis, de mettre la dernière main à ce grand édifice élevé à la gloire de Dieu ; et cette intéressante et noble fonction, c'est vous qui en êtes chargé. Ces instituteurs de la première jeunesse ne font que poser les fondements du bâtiment, et les directeurs du Séminaire en élèvent les murailles, en posent le comble, en meublent l'intérieur. Suivez l'étoile qui vous conduit, elle a béni les prémices de votre ministère, d'abondantes moissons lui sont réservées. Je vous crois tout à fait apte à la respectable profession que vous exercez. Ne craignez pas la dissipation, elle ne peut jamais nuire à votre avancement, tant que le goût pour les choses spirituelles l'emportera sur celui que vous pourriez avoir pour vos fonctions. D'ailleurs, du caractère que je vous connais, il vous faut un peu d'activité extérieure pour contrebalancer celle de l'imagination.

« Je suis bien aise aussi que vous restiez dans le séminaire pour y entretenir l'esprit de l'école où vous avez puisé ; esprit dont une longue expérience a montré l'heureuse influence.

« Mille respects à tous les braves ecclésiastiques de St-Flour et des environs qui nous ont honorés de leurs regrets, spécialement à MM. de Rochebrune, Delmas, Veyssière, Avit, Girardon, Hérisson. Mon ami, je ne suis plus curé, mais aumônier de l'hôpital de Roanne d'où je vous écris. Je vous embrasse tendrement. »

Je n'ai découvert aucune autre lettre de M. Montagnier à M. Murat. Ces deux amis, ce père et ce fils en Notre-Seigneur, ont-ils longtemps entretenu cette sainte correspondance ? Je l'ignore. Mais ce qu'il y a de sûr, c'est que cette amitié de deux prêtres a dû durer longtemps, car l'amitié fondée sur la foi est à peu près impérissable.

L'amitié est le charme de la vie, et la joie qu'elle fait naître n'est point passagère. Communiquer ses idées à un ami est un grand bien. Dans l'isolement les pensées brutes et sauvages errent à l'aventure, se fatiguent à travers les espaces imaginaires et périssent au milieu de ces déserts, ou bien elles demeurent informes et avortent dans leur germe. Mais quand le cœur s'ouvre, les pensées communiquées prennent de l'étendue, de la chaleur, de l'éclat; elles se fécondent mutuellement et se donnent le mouvement et la vie. La communication les achève, les complète, les tire de la mine, les purifie de tout alliage et les rend fécondes.

Le jeune homme surtout a besoin d'un ami qui le guide, l'éclaire, le conseille, confirme ses bonnes résolutions, raffermisse son cœur après avoir écouté ses peines, ses doutes, ses gémissements et ses besoins. Voilà pourquoi tous les maîtres de la vie spirituelle conseillent de se choisir un ami, un père spirituel auquel on communiquera ses pensées, ses sentiments bons et mauvais, devant lequel on mettra à découvert son cœur et son âme. C'est l'indispensable moyen d'avancer dans la vertu. Dans ses jeunes années sacerdotales, le P. Murat trouva cet ami, ce guide dans M. Montagnier, et la communication qu'il lui faisait de ses peines intérieures, de ses perplexités intimes, des mouvements divers de son âme, lui valut des grâces infinies. Au contact du cœur de ce pieux ami, son cœur s'élargit, se purifia, et conçut ces grandes pensées d'apostolat, ces aspirations incessantes vers la vertu et le sacrifice qui prirent plus tard une forme et devinrent une réalité lumineuse.

CHAPITRE V.

M. Murat, vicaire à Fontanges.

M. Murat quitta St-Flour la même année que M. Jaubert, qui, ne pouvant obtenir ses bulles, donna sa démission d'évêque élu, en 1813.

Une ordonnance royale de Louis XVIII nomma l'abbé de Rochebrune évêque de St-Flour, mais ce saint ecclésiastique refusa la dignité qu'on lui offrait. Un ancien chanoine, comte de Brioude, M. de Maillant, originaire de la Lozère, fut appelé en 1817 au siége de St-Flour, mais étant mort avant sa consécration, le choix du roi se porta sur M. d'Astros, grand vicaire de Paris, qui refusa. Enfin, en 1820, l'élection et la consécration de Mgr de Salamon mit fin au veuvage de l'Eglise de St-Flour.

Pendant ce veuvage, M. de Rochebrune administra le diocèse avec une prudence, un dévouement et une intelligence qui le rendirent un objet de vénération pour tout le clergé. Ce fut avec lui que le P. Murat eut, pendant les premières années de son ministère, les rapports les plus affectueux.

Dans les derniers mois de l'année 1813, l'abbé Murat fut nommé vicaire de Fontanges, une des plus importantes paroisses du canton de Salers, située dans la vallée de la Maronne, au sein des plus hautes montagnes d'Auvergne. Ce fut au centre de ce large bassin formé par de pittoresques hauteurs que le nouveau vicaire commença sa vie apostolique et exerça le saint ministère pendant trois ans avec une ardeur et un dévouement qui firent bientôt l'admiration du pays et lui valurent en peu de temps la réputation d'un saint. Convaincu que la régénération des âmes ne peut être obtenue que par la souffrance volontairement acceptée et courageusement endurée, il souffrit et s'adonna avec une incroyable vivacité aux rudes travaux de la prédication, de la confession, de la visite des malades, ne s'épargnant en aucune sorte, allant, la nuit comme le jour, porter les secours de la charité et de l'Eucharistie aux infirmes des villages perdus dans les neigeuses montagnes ou dans les sauvages et torrentueuses vallées. Il consacra une activité merveilleuse avec des trésors de patience et de courage à ramener les pécheurs et à maintenir la piété parmi les associations pieuses d'hommes et de femmes établies dans la paroisse. Sa jeune et fraîche inspiration le portait à des excès; ce fut à tel point que bientôt les forces lui manquèrent et que sa santé fut sérieusement atteinte. Le médecin lui signifia qu'un repos absolu lui était nécessaire, mais il ne fut pas obéi, l'ardent vicaire continuait toujours sa laborieuse vie. Toute remontrance devint inutile. Que fit alors M. de Rochebrune, administrateur du diocèse, qui avait pour le jeune vicaire un amour de prédilection, parce qu'il voyait en lui un saint dans l'avenir? Pour forcer au repos cet abbé qu'il appelait *saintement entêté*, il l'interdit. Ne pouvant confesser, ni prêcher, M. Murat dut bien alors consentir à se reposer et à donner des soins à sa santé.

Il avait pour curé un homme vénérable, M. de Lafarge, natif de Lapierre, commune de St-Paul-de-Salers. La sainteté est vite à se comprendre : ces deux hommes vécurent dans une pieuse intimité, qui tirait grandement au profit de leurs âmes et à l'édification de leurs paroissiens. M. Murat eut pour ce digne curé une soumission d'enfant et le respect d'un fils. Une harmonie parfaite existait au presbytère de Fontanges. Comment n'aurait-elle pas existé? Soumis en tout à l'autorité légitime du pasteur, le jeune vicaire ne heurtait rien, allait à ses fins par la voie de l'obéissance et des tempéraments, ne s'écartant jamais de la ligne tracée par son chef. Mais une fois lancé dans cette ligne, il mettait à l'accomplissement de la volonté du pasteur, dans les œuvres du saint ministère, une ardeur incroyable. Ces rapports heureux établirent et fondèrent une amitié indestructible entre ces prêtres selon le cœur de Dieu. Plus tard, M. de Lafarge deviendra chanoine de Tulle, et son vicaire, devenu missionnaire apostolique, ira chaque année le voir, lui rendre compte de ses travaux, s'inspirer de ses conseils, s'édifier de sa vertu et prêcher des missions par lui fondées. L'un fondera l'hospice de Salers, et l'autre s'y rendra pour y mourir.

De Fontanges M. Murat entretenait des relations amicales avec les prêtres les plus distingués et les plus haut placés du diocèse : avec M. de Rochebrune, M. Bellet, supérieur du Grand-Séminaire, avec M. Talandier, curé de St-Géraud d'Aurillac. La Providence a mis sous ma main quelques lettres écrites par ces prêtres à M. Murat, lesquelles toutes témoignent de la profonde estime qu'ils avaient pour le pieux vicaire de Fontanges.

Le 9 novembre 1814, M. Talandier lui écrivait :

« Demandez tout ce que vous voudrez, mon bien aimé Murat, je ne saurais rien vous refuser de ce qui dépend de moi. Quant à votre ministère, cher enfant, ne vous surchargez pas trop ; rendez les confessions de vos pénitents plus salutaires que fréquentes ; sachez les borner. Vous en avez un grand exemple dans M. de Rochebrune, et j'en fais autant. Il faut donner un peu à tout et conserver la liberté extérieure ; prenez le repos, les repas et les récréations nécessaires ; quand le corps est obsédé, l'âme ne fait pas mieux ses fonctions ; *Non plus sapere quam oportet sapere, sed sapere adsobnetatem.* Ne craignez pas de déplaire à Jésus-Christ en distribuant ses grâces ; il n'aime qu'à les répandre, et serions-nous avares lorsqu'il en est prodigue ? Vous connaissez les règles, vous les appliquerez pour le bien : *Nec qui plantat est aliquid neque qui rigat, sed qui incrementum dat Deus.* Vous serez toujours récompensé *secundum laborem* ; courage, bon serviteur, déposez toute crainte, et marchez en toute confiance, et *accipies coronam vitæ.* Je ne saurais vous perdre de vue, cher Murat, et comptez sur toute la bienveillance de celui qui, réclamant votre ferveur, a l'honneur d'être, en toute sincérité.

« Votre très-humble et dévoué, Talandier. »

D'une conscience délicate, M. Murat n'agissait jamais *proprio motu.* Dans les cas tant soit peu difficiles, il consultait ses supérieurs ecclésiastiques, et plusieurs lettres que nous avons retrouvées apportent la solution d'une foule de cas, en même temps que le conseil au jeune vicaire de modérer sa sainte impétuosité.

« Ménagez votre temps, lui écrivait M. Talandier, le 15 novembre 1814 ; déposez vos sollicitudes en Dieu ; il aura soin de vous ; économisez votre temps.... »

« Je profite, lui disait M. Bellet dans une lettre du 29 décembre 1814, je profite du retour du P. du Claux, mon cher Murat, pour me rappeler à votre souvenir et vous apprendre que le séminaire du Puy est occupé par les Sulpiciens. M. Levadoux en est le supérieur ; M. Carria y est professeur d'écriture-sainte, M. Martin économe, l'ancien supérieur, M. Doutre, sans être sulpicien, y est professeur de morale. Nous attendons les Lazaristes (1). Nous leur céde-

(1) Le projet d'établir les Lazaristes à St-Flour n'aboutit pas à cette époque. En 1817, M. de Rochebrune rappela les Sulpiciens. Mais, à son arrivée, Mgr de Salamon remplaça les enfants de M. Ollier par les enfants de Saint-Vincent-de-Paul.

rons la place quand ils se présenteront. M. Frénal est passé ici allant à Aurillac pour y professer la théologie.... »

« Je vous félicite, mon cher Murat, dit M. Bellet dans une autre lettre, d'attirer les hommes ; il faut les traiter avec toute l'indulgence possible, mais pourtant avec toute l'assurance morale qu'ils ont les dispositions requises. Vous êtes prudent et sage, et c'est à la prudence à diriger dans tout plein de cas..... Vous savez que le pauvre Levadoux est mort. »

M. Murat était à Fontanges depuis trois ans, lorsqu'un jour il reçut de M. de Rochebrune la lettre suivante, en date du 24 octobre 1816 :

« J'ai reçu, Monsieur, la dernière lettre que vous m'avez fait l'honneur de m'adresser, et je vois avec peine que votre santé est entièrement délabrée. Le conseil, à qui je l'ai communiquée, est si persuadé que si on vous laissait à Fontanges ou dans les environs, vous ne seriez pas assez raisonnable pour modérer votre travail, qu'il vous a destiné à une petite paroisse voisine de cette ville de St-Flour ; qu'on vous limitera vos pouvoirs, de manière que vous ne pourrez confesser que ceux dont vous serez chargé par votre qualité de desservant. C'est la succursale de Mentières qui vous est confiée. Je ne vous engage pas à vous y établir de suite , au contraire, vous devez prendre quelque repos chez vous, tant que la saison sera belle. Montez à cheval, voyez les ecclésiastiques voisins ; prenez une bonne nourriture et ne vous occupez pas du tout. Dans le cas où vous seriez approuvé pour la paroisse de Neuvéglise, je vous interdis provisoirement.

« Cependant choisissez |le premier beau jour pour vous rendre à Mentières ; vous prendrez des arrangements pour votre logement et pour vous y établir, quand vous aurez pris des forces.

« Je me réserve de vous dire de vive voix comment vous devez vous conduire dans cette paroisse ; mais je vous préviens d'avance que vous devez toujours dire la grand'messe les dimanches dès l'aube du jour ; que vous ne devez point jeûner sous quelque prétexte que ce soit ; vous devez aussi vous interdire le maigre, si le médecin l'exige. Pour entrer au confessionnal, vous attendrez au moins que deux heures se soient écoulées depuis votre dîner. Si vous êtes docile à toutes mes recommandations, vos forces reviendront, j'aime à l'espérer, et vous serez encore longtemps utile au diocèse. Un zèle immodéré n'est pas selon la prudence. Agréez... »

Nommé curé de Mentières, M. Murat quitta Fontanges au milieu des regrets universels, et s'en alla vers les lieux de son enfance, où il passa quelques semaines dans un repos qui lui était pénible mais recommandé. Il importunait M. l'administrateur du diocèse pour qu'il le laissât se livrer au travail. M. de Rochebrune ne l'écoutait pas.

« Vous pouvez, lui écrivait-il le 9 novembre 1816, prendre encore quinze jours de repos pour achever de rétablir votre santé, et votre conscience n'en sera pas chargée ; mais prévenez vos paroissiens, afin qu'ils aillent à la messe ailleurs, ou bien procurez-leur un prêtre, si c'est possible. Vous n'avez des pouvoirs pour aucune personne étrangère à la paroisse qui vous est confiée. Vous y avez une armée de sœurs qu'il ne faut entendre en confession que tous les quinze jours au plus : quand on communie souvent, on ne doit pas commettre de fautes graves et on peut se passer de confession. »

CHAPITRE VI.

M. Murat, curé de Mentières. — Premier essai de la vie apostolique.

Après quelque temps d'un indispensable repos, M. Murat se rendit à Mentières, petite paroisse solitaire dont le chef-lieu est à une heure de distance de St-Flour. Le nouveau pasteur succédait à M. Gillet, ancien religieux, qui desservait cette paroisse depuis 1801, et dont le dernier acte, signé par lui dans les registres de catholicité, est daté du 31 octobre 1816. La première signature de M. Murat dans ces mêmes registres est du 3 décembre de la même année ; la dernière est du 23 juin 1820. M. Murat administra donc la paroisse de Mentières près de quatre ans ; il n'eut pas de vicaire dans les premiers temps ; plus tard, l'autorité ecclésiastique lui envoya un jeune prêtre pour l'aider dans ses nombreux travaux et dans l'administration de la paroisse de Tiviers qui, à cette époque, était unie à celle de Mentières. M. Murat les évangélisa l'une et l'autre avec un zèle qui grandissait chaque jour. Il se tenait toute la journée à l'église, au pied du St-Sacrement, ou dans une petite chambre qu'il avait fait construire au-dessus de la sacristie, véritable cellule de solitaire, d'où il ne sortait que pour aller prendre ses repas et son repos, et où il se livrait durant de longues heures silencieuses à la prière, à la méditation ou à l'étude de la théologie et des sciences ecclésiastiques, puisant là de hautes pensées, de nobles aspirations ; il vivait comme un anachorète. La chaire, le confessionnal étaient ce qu'il aimait le plus au monde, vu que c'étaient là les deux théâtres où il pouvait travailler le plus efficacement à maintenir la vie intellectuelle dans son peuple, et à sauver un plus grand nombre d'âmes.

Mais le soin spirituel de trois ou quatre cents paysans ne suffisait pas à satifaire son cœur brûlant et son zèle d'apôtre, et il n'y avait point là de quoi dépenser la surabondance de vie, de piété, de sollicitude énergique et d'émotions saintes qui débordaient du cœur du jeune prêtre. Assurément il fallait un tout autre aliment à cette âme de feu. Depuis longtemps il rêvait aux missions. « Les missions, disait-il, m'ont toujours empêché de dormir. » Mais l'heure de Dieu n'était pas encore venue.

Obligé de limiter son zèle, le pauvre curé de Mentières se dédommageait en travaillant de son mieux à donner au culte le plus d'éclat possible, à rendre la vie aux pieuses associations que la révolution avait emportées, ou bien à en fonder de nouvelles. En cela encore M. de Rochebrune était obligé de le modérer.

« Je ne blâme pas, lui écrivait-il le 25 décembre 1819, votre zèle à établir la *voie de la croix* à Mentières ; je crois cependant que la multiplicité des indulgences est nuisible, en ce sens qu'on en fait moins de cas et qu'on en tire moins de profit ; *usu vilescunt*. Bornez-vous à trois ou quatre au plus, alors on s'y disposera mieux. »

En fils obéissant, M. Murat se soumettait, mais avec peine. Arrêtée d'un côté, la flamme faisait explosion de l'autre. L'idée des missions revenait toujours.

Un jour, en 1818, il apprend que M. de Rauzan et ses compagnons, missionnaires de France, prêchaient à Clermont. Le retentissement de cette mission, les effets merveilleux déjà produits par ces éminents prédicateurs dont plusieurs devinrent évêques, tels que M. Fayet et M. Forbin de Jeanson, enthousiasmèrent si fort M. Murat, firent vibrer si vivement les fibres de son âme que, ne pouvant plus tenir dans son modeste presbytère, il se mit en route pour Clermont. Mais c'était l'hiver et les neiges encombraient tous les chemins. Il fut obligé de reprendre la route de son humble église ; d'ailleurs le temps pascal était venu. Il se hâta de faire remplir aux fidèles leurs devoirs religieux et puis il reprend la route de Clermont où, plus heureux cette fois, il arrive au moment du plus merveilleux élan, en pleine mission. Coïncidence heureuse ! M. Murat trouva à Clermont un autre prêtre qui, comme lui, était venu se former à la vie des missions. C'était M. Mestre, du diocèse de Clermont, qui fut plus tard, comme M. Murat, l'organisateur d'une société de missionnaires.

Quoique venu uniquement pour voir et pour entendre, pour apprendre le secret de bien faire et de bien dire, M. Murat fut invité à prendre part aux travaux de la mission. Remerciant Dieu du fonds de son âme de ce bonheur inespéré, il s'installe dans la chapelle du palais épiscopal et là il passe les jours et les nuits à entendre les confessions. Sur sa recommandation, le portier et la vieille cuisinière de l'évêché vont de ça, de là, dans la ville avertir les fidèles qu'un confesseur est posté à la chapelle épiscopale. On accourt de toute part. Le soir, le P. Murat réunissait les militaires en aussi grand nombre que possible, et il leur parlait de leurs devoirs avec cette vivacité de foi qui fut toujours un des caractères les plus saillants de sa vie apostolique. A l'heure des sermons il allait écouter les prédicateurs, il étudiait leurs mouvements, leur méthode et la marche qu'ils donnaient à la mission, dans le dessein de mettre plus tard en pratique ces nouveaux enseignements. En effet, rentré à Mentières, il ouvre une mission et, dans l'essai de la théorie qu'il avait apportée de Clermont, il eut un succès complet. Le jour de la plantation de la croix, les professeurs et les élèves du Grand-Séminaire de St-Flour se rendirent à Mentières. Un des séminaristes, M. Besse, qui fut plus tard principal du collège de Mauriac, raconte que le P. Murat prêchait avec un enthousiasme incroyable.

« Nous étions, dit-il, à demi-heure de Mentières que déjà nous entendions la forte voix de M. Murat qui retentissait au loin comme un tonnerre. Il était monté sur un balcon du village, et là, en plein air, il frappait de terreur toute une population émue.

« A notre arrivée, il ne se dérangea pas ; mais continuant à parler, il nous lança cette apostrophe : Jeunes lévites, vous sortez du sanctuaire pour venir édifier ce peuple, vous faites bien ; montrez-lui la sainteté de vos âmes et l'éclat de vos vertus... et l'enthousiasme du prédicateur redoublait. La cérémonie de la plantation de la croix fut terminée par un éloquent discours du supérieur du Grand-Séminaire. »

Le père Murat fit quelques autres missions qui eurent un grand retentissement dans le pays. Il y mettait un zèle dévorant, je dirai presque de la violence ; M. de Rochebrune parvenait à peine à le modérer :

« Tout a un terme, monsieur, lui écrivait-il le 22 février 1819, et il ne faut pas aller au-delà. Les choses les plus saintes, si elles sont trop prolongées, ne font plus impression. Pendant ces missions, les fidèles sont dans une situation forcée, si je puis m'exprimer ainsi, et ils en perdent le fruit si on n'y met pas fin après un temps limité. Vous faites d'ailleurs des efforts pour la prédication et le confessionnal qui nuiront visiblement à votre santé, qui la détruiront même, si vous ne vous hâtez d'y mettre fin... Il n'y aurait que M. Bellet qui pourrait aller faire la clôture de votre mission, veuillez l'y inviter. »

« Usez d'aliments gras, monsieur, dit M. de Rochebrune dans une autre lettre du carême de 1819, même tous les jours, du moins jusqu'à la fin de votre besogne. Après vous pourrez peut-être faire maigre deux ou trois jours ; encore devez-vous vous en abstenir si vous sentez que c'est convenable. Changez l'ordre de vos repas, prenez du bouillon gras, de la soupe le matin et à midi. »

Ne respirant que les travaux de la vie apostolique, M. Murat, dont la réputation commençait à s'étendre, eut un moment le désir d'entrer dans la compagnie des missionnaires de France. M. de Rochebrune l'en dissuada ; cependant la croyance était du côté de Clermont que le père Murat faisait partie de l'illustre Société, de telle manière que les lettres qui lui arrivaient de ce pays, où il avait laissé d'excellents souvenirs depuis son apparition dans la capitale de l'Auvergne, étaient adressées « à M. Murat, missionnaire de France, à Mentières, près de St-Flour. » J'ai trouvé deux de ces lettres ; les voici :

« Saint-Amant-Tallande, 15 juillet 1818. Mon très-cher père, j'ai reçu votre lettre qui a rempli mon âme d'espoir et de consolation, je n'aurais pas osé attendre cette faveur, cette bonté de votre part. Non content de ce souvenir heureux pour moi, vous me faites présent d'une neuvaine à la croix de Jésus-Christ. Ah ! votre charité, sans doute, avait prévu que j'en avais grand besoin ; je vous en remercie. Ne ralentissez pas votre zèle pour moi, je vous en supplie, mon très-cher père. Vous ne vous êtes pas trompé, le libertin paie cher ses folies... je me prosterne au pied du crucifix ; j'implore le Seigneur quelquefois avec larmes de me donner une grâce spéciale pour remporter la victoire. Confus d'avoir si peu de fermeté de caractère, j'implore la divine Marie, mon patron, mon ange. Mais hélas ! c'est presque en vain. Comme dit l'impie Voltaire, le matin je fais des projets et le soir des sottises ; et cependant je suis un vrai amateur de la vertu. Mais en avoir le désir et ne point la pratiquer, quelle stérilité ! Je cherche à m'inculquer les maximes de la religion, à me convaincre de ce que disait Platon, quoique païen, que si l'on pouvait voir la vertu des yeux du corps, elle rendrait les hommes passionnés de son amour.

« J'ai été à Clermont, à l'église épiscopale ; quel vide pour moi ! Je n'y ai point entendu retentir la voix de ces orateurs chrétiens, vos dignes compagnons, ces saints, surtout cet attrayant, sublime et pathétique M. Fayet, à qui j'ai tant d'obligations, puisque c'est lui qui m'a adressé à vous. Mon très-cher père, si j'étais célibataire, vous seriez content de moi, j'abandonnerais tout pour suivre ces saints qui vont porter la lumière de l'Evangile aux peuples qui sont dans les ténèbres... Mon très-cher père, ne m'oubliez pas devant le Seigneur dans vos prières, je vous en conjure. Je suis.... Teissèdre aîné. »

La seconde lettre est du 10 avril 1822. Le P. Murat était alors missionnaire et avait prêché plusieurs missions dans le Puy-de-Dôme.

« Saint-Amant-Tallande. Monsieur et très-cher père, la lettre dont vous m'avez honoré m'a rempli d'allégresse, en me donnant de vos nouvelles. Il y avait longtemps que j'étais en peine, je craignais que vous ne fussiez en mission dans les pays lointains ou que le Seigneur ne vous eût appelé pour récompenser vos bonnes actions... Que votre charité est grande ! Je vous prié de la continuer, je la regarde comme une grâce spéciale du Ciel.

« J'aurais volé à Allanche sans les obstacles qui m'en ont empêché pour voir celui à qui j'ai tant d'obligations, qui m'a fait connaître la beauté de la religion. Je me propose d'aller vous voir pour vous témoigner ma gratitude. Mon bien aimé P. Murat, je sais que vous vivez et je ne doute pas que vous ne soyez inscrit au livre de vie et que vous n'ayez un trône auprès de ces grands apôtres auxquels vous avez succédé dans tant de pénibles travaux, vous qui pansez les plaies de tant de milliers d'âmes ulcérées et éprouvées. Vous êtes mon libérateur, et c'est de vous, excellent ami, que Dieu et la reine du ciel se sont servi pour me sauver. J'avais demandé de vos nouvelles à madame Saint-Bonnet qui ne sut où vous étiez, et à M. le curé du Port, à Clermont, qui conseilla d'écrire à la mission de Paris. Enfin je vous ai retrouvé et je prie le Tout-Puissant d'exaucer les souhaits et les vœux que je fais et ne cesserai de faire pour celui que je voudrais avoir le bonheur de pouvoir remercier pendant toute l'éternité. Je vous prie de me marquer le lieu où vous serez dans le courant d'octobre. Teissèdre aîné. »

CHAPITRE VII.

Etablissement des missions diocésaines. — Ancienne maison de Salers. — Les premiers missionnaires. — Mgr de Salamon.

Encouragé par le succès de ses premiers essais, de plus en plus convaincu qu'il était appelé à la fondation d'une société d'ouvriers évangéliques, dont il avait depuis long-temps reconnu la nécessité, le P. Murat tendit de toutes ses forces à la réalisation de son projet et demanda dès lors avec plus de ferveur les lumières de Dieu.

« Inspiré d'en haut, dit M. Clauzet, animé d'une confiance inébranlable en Dieu, doué d'une volonté énergique, sans autre autorité que l'autorité de sa vertu, sans aucun de ces titres extérieurs qui aident quelque fois si efficacement dans les entreprises difficiles, M. Murat conçut le hardi projet de faire revivre l'ancienne communauté des missionnaires de Salers par l'établissement d'une nouvelle communauté qui reprît et continuât l'œuvre si malheureusement interrompue par la Révolution. »

Le zélé curé de Mentières ne se donnait plus de repos. Il allait semant son idée à tous les vents, méditant dans le silence de son âme les moyens de succès. Il jeta ses regards sur le diocèse, cherchant avec l'intuition d'un saint, des hommes qui eussent assez d'esprit apostolique, pour entrer dans ses vues généreuses. Tout lui réussit, M. de Roche-

3

brune, après maintes objections, approuva ses desseins tout
en craignant que la santé du nouvel apôtre ne fût pas à la
hauteur de sa mission. Sans cesse, et avec une sollicitude
paternelle, il lui recommandait la modération dans ses travaux, et le soin de sa santé.

« Je vous félicite de bon cœur, lui écrivait-il le 12 octobre 1819, sur votre meilleure santé ; ménagez-la, il le faut
absolument, et la prudence exige qu'on travaille avec modération, afin de secourir plus longtemps l'Eglise. Ne
songez pas à faire mission ou retraite l'hiver prochain, cela
vous est absolument interdit ; vous devez même vous borner
à n'entendre en confession que vos paroissiens, et seulement quand vous serez rétabli. Songez que dans un an des
missions en règle s'ouvriront, que vous devez vous y préparer, faire des discours, vous bien pénétrer et vous remplir
de tout ce qui est nécessaire pour le succès de cette grande
œuvre, et cela demande du temps. »

Le 25 mars suivant, il ajoutait dans une autre lettre :

« Il faudra donc aviser à vous remplacer si vous vous
éloignez ; nous conférerons avec vous à cet égard de vive
voix, et nous arrangerons tout pour le mieux. Cependant
vous n'éprouverez plus aucun obstacle de notre part, et
vous pourrez remplir vos projets ainsi qu'il vous plaira.
Je crains seulement que votre santé ne résiste pas à ce
genre d'occupation. L'expérience que vous avez faite à
Fontanges m'a engagé jusqu'ici à modérer votre zèle.
Essayez vos forces, mais sous la condition expresse que,
dès que vous apercevrez leur insuffisance pour l'œuvre que
vous allez entreprendre, vous la discontinuerez. »

Fort de l'approbation ecclésiastique, le P. Murat fait un
appel aux hommes de bonne volonté. Les premiers qui
adhérèrent à ses desseins furent MM. du Chambon, Usse
et Jalabert.

Adrien Bombernet du Chambon naquit en 1767, au Chambon, paroisse de Saint-Juéry, dans les environs de Chaudesaigues. Ordonné prêtre pendant la Révolution, il fut chargé du soin spirituel de plusieurs parroisses des cantons d'Allanche et de Murat, et puis appelé à l'importante vicairie de Brioude (1), diocèse du Puy, poste difficile qui exigeait une grande prudence, attendu qu'il y avait pour curé le trop fameux Delcher, ancien évêque constitutionnel de la Haute-Loire qui, ayant fait sa soumission à l'évêque légitime au rétablissement du culte, avait été maintenu dans la cure de Brioude qu'il occupait avant la Révolution.

Dans cette position délicate, M. du Chambon se conduisit avec un tact et un zèle qui lui attirèrent l'estime du pasteur et des ouailles. Devenu curé d'Allanche, il déploya dans cette nouvelle paroisse toute l'ampleur de sa charité en y établissant les sœurs de Saint-Joseph pour l'instruction des jeunes filles, et en y rétablissant et créant plusieurs œuvres de piété dans le but précieux de renouveler la paroisse au point de vue moral. C'est là que le rencontra le P. Murat.

M. Usse, Pierre, naquit au village de Laborie, paroisse de Thiézac, canton de Vic-sur-Cère. Après de bonnes études au collége d'Aurillac avant la Révolution, et sa théologie à Saint-Flour après l'écoulement de ce torrent dévastateur, M. Usse fut successivement vicaire de Celles, de Murat, d'Allanche, puis curé de Champagnac dans le Cantal, et de Pauliaguet dans la Haute-Loire. Il quitta ce dernier poste pour entrer dans la compagnie des missionnaires.

M. Jalabert, Durand, naquit en 1795, au Ferrand, pa-

____

(1) Le diocèse du Puy resta uni à celui de Saint-Flour depuis la Révolution jusqu'à l'année 1823.

roisse de Lieutadès. Il était de la parenté du P. Murat. Devenu prêtre, il fut nommé vicaire à St-Geraud d'Aurillac. Un jour, M. Murat l'ayant entendu prêcher, en fut si satisfait qu'il l'engagea à se faire missionnaire. Plein du feu de la jeunesse et des grâces de l'ordination, le vicaire de St-Geraud accepta avec bonheur la proposition qu'on lui faisait et se prépara à remplir dignement la nouvelle destinée que le Ciel semblait vouloir ouvrir devant lui.

Tels furent les éléments primitifs du nouvel édifice. Il fallait une maison : le P. Murat jeta les yeux sur l'ancien établissement des missionnaires de Salers.

En 1674, Antoine Chevalier, prêtre, et Jean Coursolles, curé de Lugarde, résolurent de fonder dans leur ville natale, à Salers, une compagnie de missionnaires dont la nécessité se faisait vivement sentir dans les montagnes d'Auvergne. A cet effet, ils donnèrent chacun une somme de huit mille livres. D'autres dons furent faits par des personnes charitables, et bientôt une maison fut bâtie, vaste, située sur le bord de la vallée, en face des montagnes. De là les missionnaires se répandaient dans les paroisses d'Auvergne. Cette institution, approuvée par les évêques de Clermont, prospéra jusqu'à la Révolution de 1789; mais alors elle tomba. La maison et la chapelle furent déclarées biens nationaux, et les missionnaires dispersés. Ils étaient au nombre de sept : Pierre Mathieu de Condamine, supérieur; Antoine Dupuy, Antoine Jarric, Christophe Vidal, N. Lescure, François Lavialle et Geraud Lavialle; tous confesseurs de la foi, ils se cachèrent pendant la terreur ou s'exilèrent.

Après la Révolution, l'œuvre des missions fut reprise à Pleaux; mais elle tomba après quelques années de vie éphémère. Il était réservé au P. Murat de lui donner une existence réelle et durable. L'ancienne maison des missionnaires était devenue la propriété de Pierre Spinouse, habitant de Salers; il consentit à s'en défaire, grâce aux sollicitations de M. Bos, curé de la ville, et de M. de Lafarge de la Pierre, curé de Fontanges. Mais le P. Murat, qui donnait tout aux pauvres, était dans l'impossibilité de payer cette maison ; on eut recours à un expédient qui réussit. On suggéra l'idée d'ouvrir une souscription dont le produit servirait à couvrir les frais d'achat. En effet, par délibération du Conseil municipal du 1er mai 1820, M. de Raffin, maire de Salers, fut autorisé à ouvrir un registre de souscriptions, et le 22 juillet suivant, par acte de vente, les sieurs Marie - François Bertrandy aîné, Pierre - François Bertrandy cadet, Antoine Magne, Antoine Thiaulet, habitants de Salers, et Joachim-Nicolas de Lafarge de la Pierre, Chevalier de Saint-Louis, maire de Saint-Paul-de-Salers, devenaient propriétaires de la maison des anciens missionnaires, de la chapelle et de l'enclos, moyennant la somme de sept mille francs, payée comptant et fournie par la souscription, et une rente viagère de mille francs payée annuellement à Pierre Spinouse. Le même jour, les susdits acheteurs firent déclaration de céder la maison à la ville, ce qui fut en effet exécuté, à la charge par la commune de payer ladite rente viagère ; cette rétrocession fut autorisée par ordonnance du roi en date du 14 décembre 1820. La maison de la mission étant ainsi devenue propriété communale, fut mise à la disposition des nouveaux missionnaires, selon le désir des souscripteurs, du clergé et de tout le pays.

Les bâtiments ayant été réparés et la chapelle rendue au culte, les nouveaux missionnaires vinrent la même année 1820 en prendre possession. M. Murat arriva de Mentières, M. du Chambon d'Allanche, M. Usse de Pauliaguet, et M. Jalabert d'Aurillac, apportant l'un son mobilier, l'autre sa bibliothèque, tous une bonne et excellente volonté. M. du Chambon fut nommé supérieur; c'était un homme infiniment respectable, digne, grave, habile administrateur, plus âgé que le P. Murat, lequel, d'ailleurs, n'aurait jamais pu s'astreindre à cette vie de ménage et d'administration qui exige des soins et une surveillance qui n'étaient pas dans ses goûts.

Pendant que la Société s'organisait, le P. Murat, toujours dans le désir de se former de mieux en mieux à la vie apostolique, allait de çà et de là prêcher, confesser, entendre les prédicateurs de renom. Un jour il quitta ses confrères et partit pour Mendes, où les Pères de la Foi donnaient une mission. Le 14 août de la même année 1820, M. de Rochebrune lui écrivait :

« Il paraît sûr, Monsieur, que M. Jalabert se rendra très-prochainement à Salers. Si M. Chabrat veut aussi augmenter votre nombre, il en sera libre. C'est à M. du Chambon à traiter avec lui à cet égard; mais il faut y mettre peu de délai, afin qu'on puisse pourvoir la paroisse de Saint-Martin, s'il y a lieu. Pour cette année, je ne crois pas qu'on puisse destiner plus de cinq prêtres aux missions; j'avais même marqué à M. du Chambon que vous ne seriez que quatre, mais la Providence y ajoute M. Chabrat; qu'elle en soit louée! tenons-nous-en là (1).

« Que vous fassiez des remèdes, c'est plus que juste, et je vous y invite; mais je ne vous le dissimule pas, je vois avec peine que vous n'êtes pas à Salers. C'est là que la Providence vous veut et vous y emploieriez votre temps plus utilement qu'en confessant à droite et à gauche.

« Il faut de l'ordre en tout, et on ne doit pas négliger le plus grand bien pour opérer celui qui n'est qu'au second

_____

(1) M. Chabrat n'entra pas alors dans la société.

rang. Renoncez , je vous prie , à entendre les confessions
sous quelque prétexte que ce soit ; vous y épuiseriez vos
forces et vous devez les ménager pour le temps du grand
travail. Dites à tous ceux qui réclament votre zèle que cela
vous est défendu. Retournez, s'il vous plaît, à Salers le
plus tôt possible. Cherchez à attirer les lumières du Saint-
Esprit sur vous et vos confrères ; consacrez vos loisirs à
vous préparer aux travaux des missions.

« Eussiez-vous un an devant vous, ce ne serait pas trop ;
à plus forte raison ne faut-il rien retrancher de deux mois
qui vous restent ! J'en suis si convaincu que, si je ne comp-
tais pas sur votre déférence, je révoquerais vos pouvoirs,
afin que vous ne succombiez pas à la tentation et que vous
ne vous rendiez pas malade. Ne voyez en tout ceci qu'une
marque de l'intérêt qui m'anime pour vous. »

Le P. Murat répondit :

« Je ne puis pas vous exprimer combien il m'est pénible
de ne pas me rendre de suite à vos invitations ; j'ai toujours
regardé comme un devoir sacré de n'avoir d'autre volonté
que celle de mes supérieurs. Ce sera toujours avec une vive
et respectueuse reconnaissance que je me rappellerai que
les mesures que vous avez prises à mon égard avant d'aller à Mentières, m'ont sauvé la vie. J'ai donc toutes sortes
de motifs pour me laisser conduire avec la docilité d'un
enfant. Je vais vous faire part des raisons qui me retiennent
à Mendes, et si vous ne les trouvez suffisantes, je me rends
de suite à mon poste. D'abord il me tarde plus qu'à personne d'être à Salers. Je souffre beaucoup de ce que je
trouve des obstacles qui m'empêchent de m'y rendre, mais
je vous prie d'être bien persuadé que ce ne sont pas les
confessions que j'ai entendues. Je ne me sens pas encore
suffisamment rétabli pour travailler, on m'a ordonné d'autres remèdes que je puis faire plus commodément à Mendes

qu'à Salers. J'ai besoin de repos et je ne pourrai en prendre nulle part avec autant de facilité qu'ici, parce que je suis comme un homme interdit. Mais la raison majeure qui me retient, c'est le grand avantage de suivre les exercices de la mission ; je ne doute pas que la Providence ne m'ait procuré cet avantage ; je n'avais rien compris, rien entendu à Clermont ; ici j'entends tout, j'entends des sermons de la plus haute éloquence. »

Enfin, le P. Murat revint à Salers, et vers la même époque, Mgr de Salamon ayant été promu à l'évéché de St-Flour, approuva la nouvelle institution qui reçut ainsi son plein et entier accomplissement.

CHAPITRE VIII

Les missions.

Aux quatre premiers membres de la société nouvelle vinrent bientôt s'adjoindre deux jeunes prêtres pleins de sève sainte et de sacerdotable onction, M. Delcusy et M. Lavialle. Le premier, né au Bousquet, commune de Ste-Anastasie, en 1794, était vicaire à Neuvéglise, quand il quitta le ministère paroissial pour le ministère apostolique. Le second, Jean Lavialle, naquit à Surgère, paroisse de Vigean. Il fut ordonné prêtre en 1810 et nommé successivement vicaire dans deux ou trois paroisses de l'arrondissement de Mauriac. Emporté par un zèle qu'on lui a toujours connu ardent, il voulut devenir missionnaire, c'était de tradition dans sa famille : deux oncles et un frère avaient fait partie de l'ancienne société apostolique de Salers. Dès la première année, les missionnaires furent donc ou nombre de six. Sous le ciel âpre et sauvage de Salers, en face des grandes vallées et des hautes montagnes, de toute cette création majestueuse qui est à peu près toute la beauté de l'antique ville, les nouveaux interprêtres de la parole évangélique, unis dans les mêmes sentiments et les mêmes espérances, se préparèrent pendant quelque temps à leur œuvre sainte par l'étude et la prière, par la contemplation des vérités éternelles, se rappelant ce que le Seigneur dit à celui qu'il envoie prêcher à son peuple : « Monte sur la haute montagne, ô toi qui évangélises Sion ! » Le mission-

3*

naire, en effet, doit s'élever à la hauteur du bien, planer au-dessus des œuvres de ceux qu'il doit instruire, afin de pouvoir juger leur vie de toute l'élévation dont il dépasse les choses terrestres. Pour attirer les âmes en haut, il faut qu'il soit, lui, dans les hauteurs. Un règlement fut écrit dont une partie regardait l'intérieur, la vie de famille religieuse ; l'autre, le dehors, la vie de mission. Dans l'intérieur de la maison, la règle était à peu près près celle du Grand-Séminaire : lever à cinq heures, puis oraison, messe, travail, dîner à midi ; dans la soirée : office, travail, chapelet, visite au St-Sacrement, lecture spirituelle ; souper à sept heures, coucher à neuf. C'était un milieu entre la liberté séculière et la vie monastique. En temps de mission, la règle subissait quelques modifications selon les exigences des circonstances et des besoins des fidèles.

Enfin, dans l'hiver de 1820 et 1821, commencèrent ces missions qui remuèrent si profondément les populations de nos montagnes et renouvelèrent l'esprit religieux affaibli par les doctrines sataniques de la Révolution. Elles durèrent dix ans, jusqu'à 1830. Il est certain que, durant cette période, il y eut un mouvement religieux général, un élan qui tenait de l'enthousiasme. Que de pécheurs ramenés pour toujours à la vertu ! que de justes raffermis dans la foi ! que de familles revenues à la paix ! que d'injustices réparées ! que de langueurs guéries, de morts ressuscités ! Citons quelques traits recueillis çà et là dans le souvenir des anciens.

Parmi les premières missions, on place celles de St-Flour, de Pleaux, de Murat.

A St-Flour, les missionnaires eurent un plein succès. Mgr de Salamon, qui aimait à rehausser de sa présence les cérémonies religieuses, fit la clôture de la retraite, heureux de voir sa ville épiscopale presque entièrement régénérée.

A Pleaux, où les missionnaires furent appelés par
M. Mailhes, le pasteur vénérable de cette ville, ils surent
exciter un tel élan dans tout le pays, que les fidèles du
canton accouraient en masse à la mission, de sorte que,
leur ministère ne suffisant pas, on fut obligé d'appeler
quinze prêtres des paroisses voisines, pour entendre les
confessions. « Quand nous nous retirâmes, racontait plus
tard M. Lavialle, tout le monde pleurait ; on nous conduisait
de toutes parts des chevaux pour nous épargner les fatigues
du voyage, et les bonnes femmes disaient : « Bienheureuses
les cavales qui emportent ces saints hommes ! C'était de la
simplicité antique. »

La mission donnée à la ville de Murat offrit le même
spectacle. La fièvre typhoïde régnait dans cette ville, à l'arrivée des missionnaires, et on blâmait M. Vidal, curé, de
les avoir appelés dans de pareilles circonstances. Deux
d'entre eux, en effet, M. Jalabert et M. Delcusy, furent
atteints de la terrible maladie, et elle les traita avec une telle
violence qu'ils se virent dans l'impossibilité de continuer le
ministère des missions. M. Jalabert redevint vicaire de
St-Géraud, puis il fut appelé à la cure de Massiac et plus
tard à la dignité de grand-vicaire de l'évêque de St-Flour.
M. Delcusy devint vicaire, quelques temps après, curé de
Murat, puis curé de St-Géraud, et enfin évêque de
Viviers.

Malgré la maladie, la mission de Murat eut un plein succès. Le P. Murat y fit des prodiges de valeur et commença
à se faire cette réputation d'apôtre qui alla croissant chaque
jour. Le départ des deux jeunes prêtres que la maladie lui
enlevait, l'avait attristé ; mais bientôt il en fut consolé par
l'arrivée, depuis un an annoncée, de M. Chabrat, natif de
Chambres, près de Mauriac et curé de St-Martin-Valmeroux depuis 1815.

Au nombre de cinq, les missionnaires mettaient dans leurs travaux une ardeur incroyable, et il y avait parmi eux une entente si parfaite, une manière de faire si heureuse quoique avec des talents divers, que partout où ils prêchaient, ils remportaient les plus brillants succès dans l'œuvre de la régénération des âmes. Il y avait dans leur fructueux ministère une empreinte belliqueuse. Lutteurs ardents contre le mal, ils marchaient à la conquête des âmes, avec une sainte audace et une stratégie toute militaire ; c'était la guerre sainte. Ils n'allaient point semant la parole évangélique dans plusieurs paroisses à la fois, éparpillant leurs forces et leur ardeur ; non, ils restaient toujours unis, marchant comme un seul homme ; ils n'acceptaient de mission qu'autant que tous étaient appelés ; c'est ce qui décuplait leur puissance et assurait la victoire. Chaque mission durait trois semaines, un mois, quelquefois quarante jours. Les exercices s'ouvraient avec grande solennité, par une procession générale et étaient clos par la plantation d'une croix au centre de la paroisse comme signe de ralliement et de salut. Chaque jour, il y avait deux grands sermons, l'un le matin, l'autre le soir, et, dans l'intervalle, une conférence, laquelle consistait le plus souvent dans l'explication d'un point de doctrine par demandes et par réponses. La demande était faite par un missionnaire du pied de l'autel, et la réponse par un de ses confrères du haut de la chaire. Ce genre de prédication était préféré par les populations, parce qu'il piquait la curiosité, en même temps que, par sa forme familière et simple, il faisait pénétrer jusque dans les intelligences les moins développées les vérités éternelles.

Chaque exercice de la mission était précédé ou suivi du chant de quelque cantique, exécuté alternativement ou simultanément par les hommes et les femmes, les jeunes gens et les jeunes filles, aidés et soutenus par les missionnaires qui, avec raison, regardaient le chant comme un moyen très-efficace pour réveiller la foi ; et de fait, ces cantiques populaires, connus encore aujourd'hui sous le nom de *cantiques des missions*, si graves, si touchants, si solennels, produisaient les plus merveilleux effets dans les âmes et donnaient à la mission un entrain parfait, un mouvement électrique.

Au chant des cantiques, les ouvriers de Dieu ajoutaient ce que j'appellerai les fêtes de la mission : *La consécration à la sainte Vierge*, où le prédicateur provoquait par un attendrissant discours une amoureuse donation de soi à la Mère de Dieu, et où chaque chrétien consacrait sa vie, tous les mouvements de son cœur à la plus pure des vierges ; *la Bénédiction des petits enfants*, où chaque mère venait présenter à Dieu ce qu'elle avait de plus cher au monde, le priant de conserver sain et sauf l'objet de ses espérances ; *l'amende honorable*, expression de douleurs et de regrets, où les fidèles, d'une commune voix demandaient pardon à Dieu des outrages qu'il avait reçus ; *la communion générale*, cérémonie auguste qui arrachait des larmes de joie ; *le renouvellement des promesses du baptême*, protestation solennelle de renoncement aux œuvres du démon et d'attachement aux œuvres de Dieu ; *la procession au cimetière*, où le missionnoire sollicitait des prières pour ceux qui dormaient dans le silence des tombeaux et, faisant voir la mort, montrait aux vivants le chemin de la véritable vie ; *la plantation de la croix*, la plus grandiose des solennités de la mission, et qui en était la clôture. Ordinairement, c'était le P. Murat qui était chargé de faire les préparatifs de cette cérémonie et d'en diriger les mouvements.

Il organisait une immense procession au milieu de laquelle on devait porter ce signe du salut. Il prenait presque tous les hommes valides de la paroisse, leur mettait à la poitrine un ruban découpé en croix, les devisait par escadrons et les exerçait à la manœuvre militaire, au pas gymnastique. C'était merveille de voir ces bataillons tourner à droite, tourner à gauche, se former en pelotons, prendre la croix avec ensemble et la porter au pas militaire, la déposer dans le parcours pour la céder à d'autres qui arrivaient au pas de course. Le P. Murat était si habile à la manœuvre et à prendre le ton de vieux général, que les populations croyaient qu'il avait été autrefois militaire. « On prétend, disait-il lui-même plaisamment, que j'ai été soldat ; mais non, seulement je me suis fait exercer par un gendarme d'Allanche. »

Lorsque l'immense cortége était arrivé au lieu béni où devait reposer le signe de notre rédemption, le P. Murat montait sur un mur ou bien sur le piédestal de la croix, et là, de sa voix de tonnerre, il redisait les grands mystères ou les grands triomphes de la croix. Toujours cette cérémonie était magnifique. C'était touchant ! Et en effet. « Lorsque tout un peuple, par un jour qui favorise ce beau spectacle et s'harmonise à cette joie sainte, accourt de tous les hameaux, déserte toutes les chaumières, monte des vallées, descend des montagnes pour se transporter à la fête de cette nouvelle *exaltation de la croix*; lorsque, du haut du ciel, un soleil radieux semble dire à la nature : et moi aussi, je veux honorer de ma présence et de ma splendeur le triomphe du Sauveur des hommes ; lorsque, dans une vaste plaine ou sur de riants côteaux se déploie l'armée pacifique qui a pour étendard la croix, ou plutôt, lorsque cette croix est portée comme un cercueil, mais comme un cercueil triomphant, comme un cercueil plein de vie ; lorsque le Christ étendu sur elle fait entendre de ce lit de mort, à l'immense famille humaine : Je vous lègue l'éternité ; lorsque tous ces hommes en habit de fête, la poitrine ornée de rubans d'où pend le signe de la foi chrétienne, se pressent autour de la croix aux colossales proportions, se succèdent évidemment sous le vaste brancard qui l'exhausse au-dessus de toutes les têtes, et portent avec orgueil à son monument le conquérant vainqueur de la terre ; il est, en vérité, difficile de ne pas sentir au fond de son cœur qu'on est chrétien et de fermer tout à fait ce cœur à l'esprit de Dieu qui agite en mille manières ces milliers d'âmes, et qui produit sur la terre de si vifs élans vers le ciel ! Et quand la croix s'élève comme le soleil sur les montagnes aux yeux de ce peuple ravi, quand elle monte insensiblement à l'aide du cable qui la soulève et de cette multitude de bras qui joignent à la puissance des machines leur propre puissance ; quand elle atteint enfin son aplomb et semble, comme la mystérieuse échelle de Jacob, unir le ciel à la terre, oh ! alors il se passe dans tous les cœurs quelque chose de surnaturel et de divin : un frémissement d'amour et de joie ou de compassion et de repentir court subitement d'une âme à l'autre ! Et quand le prêtre prend la parole du haut de cette espèce de chaire préparée au pied de la croix, peu importe qu'il soit éloquent, la croix est éloquente pour lui ! (1) »

(1) *Vie de M. Mestre*, par Engelvin, p. 414.
Qu'on me permette ici une remarque franche et nette : On voit encore dans plusieurs paroisses des croix plantées par le père Murat ; on les appelle toujours *croix de la Mission*, mais elles deviennent de plus en plus rares. Depuis quelques années, il y a l'inconcevable manie de remplacer par de misérables croix en fer ces grandes croix en bois qui, portant un Christ de grandeur naturelle, étaient vraiment grandioses, majestueuses, pleines de souvenirs et de saintes inspirations Elles dominaient nos maisons, nos villages, nos champs. On les apercevait de loin comme un signe de bénédiction, un phare lumineux ; c'était le véritable arbre de salut. Eh bien, on les démolit et on élève sur leurs ruines de mesquines croix formées de barres de fer tordues, maniérées, entremêlées de feuillages, de grappes de raisin, de marteaux, de tenailles, de coq, de barreaux en cercle, en losange et d'une foule d'autres bricoles, le tout en bronze, en fer doré, argenté, blanc ou noir. Cela dénote un manque de goût

Telles sont les solennités qui venaient de temps à autre reconforter et épanouir les âmes durant les longs exercices de la retraite. Ces scènes, variées du grand drame de la mission, ajoutées au chant des cantiques, à la puissance des discours, grandissaient le mouvement, allumaient le feu sacré et emportaient les âmes dans un tourbillon divin qu'elles ne pouvaient éviter, et d'où elles sortaient émues, purifiées, rayonnantes de joie.

dans l'art religieux. C'est d'ailleurs un contre bon sens. Est-ce que Notre-Seigneur est mort sur une croix en fer ? On pousse l'extravagance jusqu'à représenter Jésus-Christ non pas crucifié, mais plein de vie, debout et souriant entre deux barres de fer, ayant un air de petit docteur satisfait. Et il y a des curés et des fabriciens assez complaisants pour acheter ces choses-là ! J'espere que bientôt on reviendra au bon goût, au bon sens, et nos neveux ne tarderont pas à délivrer nos places publiques de toute cette ferraille.

CHAPITRE IX

**Missions du père Murat dans le Puy-de-Dôme
et la Haute-Loire.**

Le zèle de nos missionnaires dépassait les frontières du Cantal et allait porter les fruits les plus heureux dans les départements voisins. Le Puy-de-Dôme, surtout la partie voisine de la Haute-Auvergne, a conservé le souvenir de leurs travaux apostoliques. On parle encore du P. Murat dans tout le canton de Latour. Il était alors dans le feu de la jeunesse et sous la salutaire impulsion du plus saint enthousiasme. Ses collaborateurs ont laissé moins de souvenirs ; ils étaient aussi zélés, dévoués et travailleurs, mais plus calmes, plus froids peut-être, et ne produisaient pas le même effet sur la multitude. M. du Chambon, au dire des anciens, était d'une éloquence réservée, paisible, mais onctueuse ; M. Usse plaisait par la vivacité de son esprit ; M. Chabrat était méthodique, sans élan, mais éloquent par la force du raisonnement. M. Lavialle avait un peu de la véhémence du P. Murat et une foi si vive qu'il ne voyait en ce monde que Dieu, l'Eglise et les âmes, plus rien. Les détails me manquent sur les travaux de ces hommes dans le diocèse de Clermont, mais la Providence a mis entre mes mains la relation imprimée d'une mission qu'ils prêchèrent dans l'hiver de 1821 à 1822, à Blesle, petite ville de la Haute-Loire. Elle est due à la plume de Maurice Onslow, et je ne crois pas pouvoir mieux faire que d'en transcrire ici quelques pages :

« A l'arrivée des cinq missionnaires, toutes les paroisses

du canton se précipitent pour avoir part aux grâces de la
mission. M. du Chambon fait entendre sa voix évangélique
à quatre mille fidèles assemblés; il leur prouve la nécessité
du salut. Après ce premier sermon une procession solennelle se dirige lentement de l'église vers la chapelle de
Notre-Dame de la Chaigne, pour implorer la protection de
la Mère du Sauveur. Le silence le plus profond, interrompu
de temps à autre par un chant religieux, règne parmi les
fidèles. Une seule pensée paraît occuper ce peuple nombreux : le salut ! Le recueillement général fait augurer, dès
ce jour, de l'heureux succès de la mission. Après une pause
à la chapelle, le cortége revient à l'église dans le même
ordre au chant des cantiques et des actions de grâces.

« C'est au milieu de cette foule de chrétiens, où règne un
silence religieux, que M. Murat, s'élevant jusqu'au sein de
Dieu, fait entendre cette voix toujours victorieuse qui retentit le long des voûtes sacrées, et qui frémit encore au fond
de nos cœurs : « Venez, chrétiens, accourez à la mission. »
Telles sont les dernières paroles d'un cantique (chanté dans
ce moment par le chœur des femmes) qui servent de texte à
son discours.

« Ce sermon roule sur le manque de réflexion, sur cette
indifférence coupable qui endort la méditation, en redoutant
les lumières. Il nous développe, avec le feu de l'éloquence
apostolique, les effets salutaires que produisent quelquefois
chez nous ces réflexions qui viennent de temps en temps
réveiller notre engourdissement, mais que nous avons toujours le malheur de repousser hors du cercle qui renferme
nos passions.

« La conviction s'attache aux paroles de l'orateur ; il
remplit tous les cœurs d'un trouble mêlé de crainte et d'espérance. Cette voix touchante a déjà ébranlé la volonté en-
durcie dans le mal ; l'incrédule pâlit, l'irrésolution se fixe,

et les cœurs fidèles palpitent d'une sainte joie. Il descend de la chaire, il est pressé de toute part ; la foule se précipite sur ses pas. Déjà les cœurs sentent le poids honteux et le fiel de l'iniquité ; tous voudraient de suite se purifier au tribunal de la pénitence. On le suit, et le saint missionnaire commence, dès ce moment, à laver de ses larmes et de celles des pécheurs, ces plaies profondes de l'âme sur lesquelles il attire les grâces du Seigneur.

« Notre digne pasteur fait un appel au zèle des curés des paroisses voisines ; tous arrivent pour aider nos saints missionnaires, déjà accablés par la foule des pécheurs qui voudraient à l'envi désaltérer cette soif ardente de réconciliation avec Dieu.

« La journée est partagée en trois exercices : le premier, à cinq heures du matin, est spécialement affecté aux paysans ; le second, rempli par une conférence instructive, est à dix heures du matin ; et le troisième, partagé entre une instruction familière et un sermon, est fixé pour la soirée.

« A chaque exercice, des cantiques chantés alternativement par un chœur de femmes et d'hommes, remplissent l'intervalle des discours.

« Ainsi, ce sont nos bons cultivateurs qui nous donnent les premiers l'exemple du zèle de la religion. Deux heures avant le jour, ils viennent entendre la parole de Dieu avec leurs femmes et leurs enfants. Tous les saints missionnaires se sont chargés tour à tour de cette instruction ; ils entrent, avec l'esprit de Dieu, dans tous les détails de la vie domestique de ces bons paysans. Les appelant à leurs devoirs de chrétiens, ils les consolent de leurs peines, opposent à leur pauvreté et aux travaux qui les accablent, la compensation du bonheur éternel. Le cultivateur avait apporté au sermon le souvenir de ses peines, toujours diminuées par les discours de la veille. De plus en plus consolé par la parole de

Dieu, il avance tous les jours dans le chemin du salut, et tous les jours il rencontre moins d'obstacles à sa marche, naguère pénible et incertaine. Il faudrait pouvoir descendre dans tous les cœurs. pour avoir une idée bien juste de l'effet que produisit le discours de M. Chabrat sur le salut.

« Cet éloquent missionnaire ouvre le Ciel à son auditoire ; il lui montre Dieu et toute la cour céleste... Il nous ravit jusqu'au trône du Tout-Puissant, quelle splendeur !... Il nous élève jusqu'au sein de notre Créateur... C'est ce sein paternel qui voudrait nous recevoir aux portes du tombeau. Refuserons-nous, dès ce moment, de mériter ce bonheur ineffable ? Nos cœurs ne s'élanceront-ils point vers cet amour éternel de tous les hommes ? O charité ! le saint missionnaire nous demande grâce pour notre âme ; ses larmes et sa voix touchante nous demandent notre salut ; « sauvez votre âme ! s'écria-t-il, sauvez votre âme, je vous en supplie. » A ces paroles, inspirées par l'amour du prochain, tous les cœurs ruissèlent par les yeux en larmes d'attendrissement. L'âme ravie et en extase semble quitter sa demeure pour s'élancer vers le Ciel avec la voix de celui qui annonce Dieu et ses délices... Toutes ses affections et sa puissance s'identifient à celles de l'âme inspirée du missionnaire. Les pensées se confondent, et ne font plus qu'une avec la sienne ; de plus en plus sublime, exalté par le ravissement général, donnant à l'essor du génie le suprême degré d'élévation, il brise le dernier lien qui retenait notre imagination à la terre, et, depuis un moment, il avait cessé de parler, qu'elle était encore dans le Ciel dont son éloquence inspirée venait de lui ouvrir les portes.

« Cependant la manne de la sainte mission tombait à grands flots sur les âmes des pécheurs ; les grâces du Seigneur se répandaient partout. Une foule immense assiégeait les confessionnaux. Les hommes de Dieu parlaient, convertissaient et confessaient. Plus de huit cents hommes occupaient la tendre sollicitude de chacun des missionnaires. Tous accouraient de plusieurs lieues à la ronde, pour assister au céleste banquet. Bravant les rigueurs de la saison, plus d'un vieillard arrivait de très-loin, attendait son tour, pendant vingt-quatre heures, près du tribunal de la pénitence, et se nourrissait d'un morceau de pain trempé par les larmes de la contrition.

« Asseoir la foi sur les fondements solides, c'est obtenir une religion constante chez les hommes qui ne demandent qu'à être éclairés. Cette matière fut le sujet d'une conférence où M. Murat, aussi profond que sublime et zélé, déploya toute l'éloquence et l'érudition qui le caractérisent. Déroulant les pages de la sainte Ecriture, il faisait toucher à notre esprit et à notre raison, les preuves constantes de la religion, de même que le Sauveur fit toucher ses plaies à St-Thomas. Avançant toujours dans cette carrière vaste et féconde, il prouve à l'ignorance de l'incrédule tout ce que craint de savoir l'incrédule, et l'incrédule croit. Il appuie la foi sur la connaissance de la religion, donnant pour cause de l'incrédulité, l'ignorance et les passions. Les passions !... elles murmurent encore dans le cœur de l'homme ; mais la voix du missionnaice est inspirée par l'Esprit-Saint, et celle des passions ne l'est que par le crime... Elle se tait donc devant l'homme de Dieu ; l'incrédule et le libertin, qui ne faisaient qu'un, disparaissent devant l'homme converti à son bonheur éternel. O missionnaires ! voilà vos œuvres !!...

« Ainsi s'écoulaient rapidement les jours, tous marqués par les bienfaits de la mission. Dérobant au sommeil le temps consacré au repos, ces patients défenseurs de l'Evangile confessaient une grande partie des nuits, le jour ne pouvant suffire au nombre et au zèle des fidèles repentants ; et le soleil, venant éclairer la nature, semblait se lever pour célébrer le triomphe de la religion et des veilles de la nuit.

« Tout concourait au succès de la mission ; les grâces de Dieu, l'éloquence des missionnaires, l'exemple entraînant de la piété des femmes, qui ouvraient aux hommes la route du salut ; le dévouement des magistrats à la cause de Dieu, et surtout les méditations de ce saint temps, qui opposaient une barrière insurmontable à l'influence du passé sur l'avenir.

« C'est dans ces moments de ferveur et de contrition ; c'est dans ces moments heureux où les bénédictions du Ciel fesaient mûrir les doux fruits de la mission, que le vénérable chef des hommes de Dieu fit au nom de tous les pécheurs repentants une amende honorable au Saint-Sacrement.

« Il appelle tous les cœurs au pied de l'agneau sans tache ; et tous les cœurs se répandent au pied de l'autel, en larmes de contrition. Son discours, inspiré par l'amour de Dieu et le repentir des fidèles pénètre dans toutes les âmes, et en chasse tout ce qui est étranger à l'amour divin.

« C'est alors qu'il les présente au Sauveur des hommes ; c'est alors que toute l'Eglise retentit de soupirs et de sanglots.

« Son discours pathétique étend le repentir sur toutes les parties du cœur, au milieu duquel il place l'image de l'agneau immolé. Les larmes brûlantes d'amour de Dieu et de contrition, viennent arroser l'autel du Seigneur ; et l'homme de Dieu, les yeux et les mains élevés au Ciel, appelle la miséricorde de Dieu sur ces fidèles prosternés aux pieds du Sauveur qu'ils ont tant offensé.

« Tout allait selon les desseins de Dieu et les souhaits de

nos saints missionnaires. La paix régnait dans les familles réconciliées, et l'Esprit-Saint était rentré dans les maisons d'où la discorde l'avait fait sortir. La charité et les bonnes œuvres commençaient à cimenter l'amour du prochain, d'un côté par la reconnaissance, de l'autre, par la jouissance indicible de soulager ses semblables. Enfin, depuis que l'ardeur de l'enfer ne desséchait plus tous les cœurs, tout fructifiait à l'ombre de la Croix.

« Dans ces heureux temps arriva la fête de la Sainte-Vierge. Les zélés missionnaires voyaient avec bonheur que les fidèles se rendaient de plus en plus dignes d'obtenir la protection de cette glorieuse médiatrice.

« Une chapelle fut élevée dans l'église en l'honneur de la Reine des anges et des hommes. Pendant un jour et une nuit, le zèle constant du sexe pieux inspira à son esprit inventif tout ce qui pouvait orner et embellir l'autel de celle dont il aime à imiter les vertus. Tout ce que l'adresse, le goût, le talent peut imaginer, fut mis à exécution par les dames de Blesle. Leur imagination, exaltée par l'inspiration de leur cœur religieux, avait obtenu des objets les plus ordinaires, l'harmonieux effet que peut produire l'art le plus consommé. En voyant cette chapelle élevée par des mains si pures, la première impression était à Dieu, et la seconde à la mère du Sauveur.

« M. Usse mit dans son discours, pour la fête de la Sainte-Vierge, tout ce que l'onction peut trouver de tendre et d'éloquent.

« Il nous représentait cette reine du Ciel, priant sans cesse pour tous les hommes, et obtenant les grâces singulières que Dieu leur accordait ; il montrait cette divine médiatrice, se mettant toujours entre le péché et la colère d'un Dieu justement irrité, arrêtant la foudre prête à tomber sur le pécheur et éloignant le jour des vengeances divines.

Le plus doux et le plus noble mouvement de l'âme, est celui qui nous porte à pardonner une offense. Cependant, que d'ennemis ne pardonneraient jamais à leurs ennnemis, sans cet exemple divin de la miséricorde de Dieu ! Et, parmi nous, combien de pécheurs auraient conservé peut-être leurs anciennes inimitiés, sans le touchant sermon que fit M. Murat, sur le pardon des injures. Cette voix tonnante allait frapper dans les cœurs la haine la plus invétérée. Elle lui portait un coup mortel, et inondait de larmes d'amour du prochain, ces cœurs qui ne parlaient que de vengeance avant qu'il parlât lui-même de pardon. Mais le fiel de la haine peut-il résister au charme de pardonner ? Pardonner ! le plus bel attribut de la divinité ! Droit sublime que s'arrogent les rois de la terre. Droit touchant que demandait aux portes du tombeau un prince à jamais regretté par la France inconsolable !!! Notre cœur pourrait-il dire : Je hais, quand le saint missionnaire nous dit : « Votre Dieu pardonne, pardonnez à vos ennemis. Plus de haines, de vengeances ; jurez-le tous avec moi devant l'autel du Dieu de miséricorde. » Les sanglots qui suffoquaient le cœur, empêchaient le pardon de parvenir jusqu'à la bouche ; mais, lorsque l'émotion permit à la voix de prononcer un mot si doux, un pardon général fut prononcé au milieu des larmes. Que d'offenses mutuelles, lavées par ces larmes qui coulaient si délicieusement du fond des cœurs !

« Le chef de la mission appelle tous les fidèles au renouvellement des vœux du baptême. Son discours, comme tous ceux qu'il a prononcés, est plein de l'onction apostolique. Il pénètre dans tous les cœurs qui forment un ferme propos de renoncer à Satan, à ses pompes et à ses œuvres, et qui, corrigés par l'expérience du passé, osent répondre à Dieu de l'avenir. Au moment où il parlait, l'innocence du premier âge semblait animer le front de tous les fidèles ; l'impression de cette cérémonie faisait parcourir à leur pensée tant d'années souillées par le crime, pour l'attacher au temps de leur innocence ; leur âme s'identifiait à tous les souvenirs de cette heureuse époque. Poussée par le repentir, elle volait rapidement du passé au présent, et, de ce point, elle s'élançait dans un avenir de vertus.

« Le discours pathétique de M. du Chambon était fait pour donner un pareil essor à l'âme des fidèles ; tout ce que l'éloquence a de persuasif fut employé par ce pieux missionnaire, pour engager les pécheurs à compter sur les secours de Dieu.

« Les sermons des hommes de Dieu causaient une impression d'autant plus vive, que l'intérêt était sans cesse réveillé par des sujets toujours différents les uns des autres. L'attention, bien loin d'être paralysée, dévorait avec avidité la parole de Dieu. Si l'âme hier avait été agitée par des émotions tumultueuses, aujourd'hui elle se dilatait en pleurs d'attendrissement. Demain elle tremblera au récit de la mort du pécheur.

« C'est M. Chabrat qui va faire passer en nous toute l'horreur de ce dernier moment. Tous les yeux se fixent sur l'orateur. Ce n'est plus lui que l'on voit ; les yeux de l'imagination frappée découvrent le pécheur au milieu de la scène horrible de l'agonie de l'impénitence.... Grand Dieu ! quel épouvantable spectacle !... L'infortuné prélude, sur un lit de douleur l'éternité des supplices de l'enfer !... Les cris d'une épouse, la douleur des enfants, les convulsions du mourant, sa chute dans l'abîme éternel, ont déjà bouleversé toutes les facultés de l'âme des auditeurs ; l'effroi arrête les larmes qui voulaient soulager le cœur... Le pécheur n'ose plus descendre dans sa conscience de peur d'y lire sa condamnation.... Triste et pensif, il s'en retourne chez lui en méditant sur ce sujet terrible et désolant.

« Notre imagination était encore frappée du discours de la veille, lorsque l'orateur l'engloutit dans les feux de l'enfer. Il la fait passer au travers des flammes éternelles… Il la conduit en face du crime, comptant les siècles brûlants de l'éternité… Il l'abîme dans des torrents de bitume ; il l'épouvante et la tient captive dans ces gouffres de misère, pour lui faire entendre les cris des damnés ; lui exposer les désirs inutiles qui les poussent sans cesse vers Dieu, et les malédictions du Tout-Puissant qui les rejettent sans cesse dans les ténèbres ardentes.

« Notre imagination ne sort de ce séjour de larmes que lorsque le chant des cantiques la rappelle au monde. Le missionnaire avait tiré le voile sur son épouvantable tableau, et tout l'auditoire, ému d'une sainte frayeur, opposait la croix au souvenir de ce lieu funeste. Le tableau touchant de la mort du juste vient consoler notre âme affligée depuis quelques jours, par les images effroyables de l'impénitence au dernier moment, et des supplices de l'enfer.

« M. Lavialle nous ouvre la maison du juste, qui est au moment de rendre son esprit dans le sein de Dieu.

« Les anges du Seigneur entourent le lit du mourant, pour adoucir ce passage toujours terrible de la vie à la mort. La figure du juste était encore animée par cette âme pure, prête à s'élancer vers son Créateur. Tout pleurait dans cette sainte maison ; mais ces pleurs s'arrêtaient aux bornes de la vie mortelle. Cette mort n'avait rien de hideux ; elle séparait les biens de ce monde des biens de l'éternité ! c'était la vertu qui laissait à la terre des exemples à suivre, et qui allait occuper sa demeure éternelle.

« M. Chabrat nous fait suivre cette âme sainte jusqu'au but tant désiré. Là, il renouvelle en nous, dans son discours sur le Paradis, toutes les impressions délicieuses dont notre âme fut inondée au discours sur le salut. Ces deux discours de l'éloquent missionnaire avaient encadré tout le bien qu'avait produit entre eux les sermons de la mission : l'impulsion était donnée, et devait éterniser les fruits de ce saint temps. Pour éclairer de plus en plus l'auditoire, M. Murat vient, dans une conférence, méditer les mystères.

« Il les expose aux yeux de la Foi, il fixe la croyance d'un côté, à l'immensité et à la puissance de Dieu, de l'autre, à la bassesse de notre nature incapable d'approfondir des vérités aussi sublimes. Il parle, et l'orgueil se tait, la raison se soumet ; et plus d'un de ces hommes qui calculaient la puissance de Dieu sur des preuves mathématiques, furent persuadés que Dieu, qui nous avait donné l'esprit capable de raisonner des matières comprises dans le cercle de notre entendement, nous avait refusé les moyens de pénétrer dans ses desseins éternels, et que cette même raison, qui était une étincelle de l'immensité de ses lumières, devait nous prouver que celui qui fait de rien toute chose, peut ne donner à l'homme que le degré d'intelligence qu'il croit nécessaire à son état et à son bonheur.

« Ce discours sur les mystères rendit à Dieu bien des âmes qui suivaient la pente rapide où se précipitent tant de chrétiens de nom, entraînés par la présomption de l'esprit humain ; présomption d'autant plus dangereuse, qu'elle appelle au chevet du pécheur toutes les illusions qui embellissent le rêve de la vie.

« M. Chabrat saisit l'heureux moment des nouvelles conquêtes qu'avait faites M. Murat dans le domaine de la foi, pour attendrir l'auditoire sur le retour du pécheur.

« Il semblait que le missionnaire eût resté longtemps dans le sein de Dieu, pour parler avec ce feu divin, de l'ardent amour du père des miséricordes pour tous ses enfants, il semblait, dis-je, qu'il connaissait intimement ce cœur brûlant pour tous les hommes , depuis le premier jusqu'à la fin des siècles. Il nous montrait les ressorts de ce cœur divin, qui agissent sans cesse sur celui du pécheur, et qui correspondent avec lui. Nous arrosant des larmes du pécheur qui revenait à son Dieu, il nous faisait assister au touchant spectacle de la réconciliation du père avec le fils... « Les cieux ont tressailli de joie ! l'Eglise vient de trouver un de ses enfants!... » Des larmes délicieuses venaient dilater tous les cœurs émus par la bonté infinie d'un Dieu miséricordieux ; et bien des pécheurs, jusqu'alors impénitents, s'endormirent cette nuit avec le doux espoir de se jeter le lendemain dans les bras de leur Créateur.

« Le terme de la Mission approchait ; les âmes s'épuraient de plus en plus au tribunal de la pénitence, et le moment avançait où elles allaient recevoir leur Dieu. Nos saints missionnaires jugèrent qu'il fallait leur communiquer une dernière et vive impression par deux derniers discours, l'impureté et le péché mortel.

« Celui de l'impureté fut traité par M. Lavialle, avec cette chaleur que donne à l'âme la vertu de chasteté qui voudrait se communiquer à tous les cœurs.

« M. Usse prononça le discours sur le péché mortel. Lorsqu'il nous exposait l'horreur de ce péché, sa voix se prolongeant dans toutes les consciences, y redoublait l'effroi et la haine pour cet épouvantable enfant de l'Enfer. L'impression qu'il causait par la vue et la laideur de ce péché, faisait fuir l'imagination jusqu'au Ciel où elle s'attachait à la face de Dieu, n'osant plus regarder derrière elle, de peur de voir encore ce monstre de damnation.

« C'est ainsi que l'homme de Dieu imprimait à nos cœurs un saint effroi du péché mortel ; c'est ainsi qu'il opposait son horreur, comme un épouvantail pour l'avenir.

« Enfin, ce jour tant désiré par la soif du pécheur pénitent, ce jour où il doit s'unir à son Dieu, est arrivé. O trans-

ports délicieux ! preuve constante des vérités religieuses !
dans quelles délices d'amour nageaient toutes ces âmes guéries par les soins et les veilles de nos saints missionnaires !

« Dès le matin, l'église est remplie par les convives appelés au sacré banquet. M. Murat monte en chaire ; son inspiration ordinaire s'étend sur l'âme de tous les communiants,
et la rapproche du Ciel, avant que le Ciel descende en elle.
L'exhortation la plus touchante exalte le cœur et l'esprit des
soldats de Jésus-Christ jusqu'au trône du Tout-Puissant,
et c'est dans ces saintes dispositions que plus de trois mille
communiants reçoivent leur Dieu et leur bonheur.

« On devait ériger, le lendemain de cette touchante cérémonie, le monument qui transmettra à la postérité les bienfaits de la Mission. Le soleil se leva sans nuage, pour mieux
éclairer un aussi beau jour. Le signe de notre salut, porté
par quatre-vingts fidèles, ouvre la marche d'une procession
solennelle ; le clergé vient après, suivi du sexe pieux,
habillé moitié en blanc et moitié en noir. Un recueillement
général et des sentiments de componction annoncent le passage de l'Agneau immolé. Des stations sont établies sur le
Chemin de la croix ; et là, chaque division des porteurs
prend la place de ceux qui la cèdent à regret. La procession parvenue à la place du Valla, le chef de la Mission
annonce l'adoration de la croix. Le clergé commence ; les
magistrats viennent après, les chanteuses suivent, ensuite
ceux qui portent le monument.

« Tous ces fidèles viennent tour-à-tour baiser les sacrées
plaies de notre Sauveur, et verser dedans leur cœur et leur
amour.

« La procession reprend sa marche ; c'est le chemin du
calvaire que la pieuse imagination des assistants se repré-
sente gravi par le Saint des saints. Cette croix, suivie de
tous les fidèles, était l'emblême du chemin du salut, à l'en-

trée duquel ce fanal éclaire toujours notre navigation, au milieu des ténèbres de cette mer orageuse.

« Le cortége arrive devant la porte de l'église où l'on avait élevé un piédestal pour recevoir la croix. La plantation du monument commence au milieu du calme et du recueillement général. Il s'élève majestueusement dans les airs, au chant des cantiques et des actions de grâces.... Toutes les affections, étroitement unies au signe de notre salut, se dirigent avec lui vers le trône de Dieu... L'enfer pousse un cri horrible..., et la croix triomphante est assise sur les fondements glorieux de la religion et du bonheur de l'humanité.

« C'est au milieu de l'enthousiasme religieux des fidèles que le vénérable chef de la Mission fait entendre, en plein air, sa voix évangélique, et appelle tous les cœurs au pied du signe de notre salut !...

« La solennité du jour, la parole de Dieu, qui, se mêlant à l'air que nous respirions, venait remplir et rafraîchir notre âme, cette atmosphère épurée par les vœux, les pensées et les prières qui la traversaient pour monter au Ciel ; tout ce peuple, jouissant du triomphe de la religion, les murs et le clocher garnis de fidèles qui, ce jour-là, semblaient n'être jamais assez près du Ciel, toutes ces circonstances, dis-je, et leurs religieux effets, donnaient à cette cérémonie l'appareil auguste d'une fête qui attendait le roi du ciel et de la terre.... Les yeux se fixaient sur la croix : ils s'attachaient ensuite tout en larmes sur les missionnaires ; c'était la reconnaissance qui faisait ses adieux.... Une seule pensée élevait toutes les âmes : Dieu, sa croix et le roi !!!

« Pour couronner l'œuvre de la Mission, notre respectable évêque vient nous communiquer les lumières du St-Esprit ; il traverse les glaces et surmonte tous les obstacles qui le séparent de nous. »

Au départ, M. Maurice Onslow adressa un discours aux missionnaires, dans lequel, après avoir énuméré leurs bienfaits, il dit : « Vous nous quittez, saints et bien aimés missionnaires ; Dieu seul sait si nous aurons le bonheur de vous revoir dans ce monde ; mais les plus tendres souvenirs vont diminuer le vide immense que vous laissez parmi nous. Adieu, bienfaiteurs de nos âmes ! ah ! daignez permettre que, dans ce moment cruel et solennel, la plus tendre reconnaissance presse nos cœurs contre les vôtres. Nous serons toujours trop loin pour vous faire connaître ce que nous éprouvons ; le cœur seul sait parler au cœur. Vous nous avez armés soldats de Jésus-Christ, nous répandrons jusqu'à la dernière goutte de notre sang pour mériter un si beau titre ; et si l'enfer venait nous assaillir, la religion lui opposerait la croix, et la reconnaissance lui opposerait votre souvenir. »

CHAPITRE X.

Nouveaux missionnaires. — Le P. Murat, l'âme des Missions.

En 1822, un nouveau missionnaire vint s'adjoindre aux cinq ouvriers évangéliques dont nous venons de raconter les premiers travaux.

C'était M. Claude Bouchy, né à Trizac en 1794. Ordonné prêtre et nommé vicaire à Champagnac en 1819, il entra dans les Missions en 1823, et en sortit en 1826, époque de sa nomination à la cure de St-Martin-Cantalès où il mourut en 1858, à l'âge de 64 ans.

D'un caractère bon, gai, quelque peu facétieux, en quoi il ressemblait beaucoup à M. Usse, M. l'abbé Bouchy a laissé de profonds souvenirs dans sa paroisse et dans le cœur des populations qu'il a évangélisées. Ses prédications, sans être recherchées, ne péchaient ni par la forme ni par le fond.

Après trois ou quatre ans de Mission, M. Lavialle fut nommé vicaire à Notre-Dame-aux-Neiges à Aurillac. Il devint plus tard aumônier de différentes communautés, reçut en 1847 le titre de chanoine honoraire de St-Flour, en récompense de ses travaux et de ses vertus. Il mourut à Mauriac en 1868, âgé de 82 ans, avec la réputation d'un saint.

Il fut remplacé dans la société de la Mission par son neveu Pierre-Xavier Chabrat, frère du missionnaire de ce nom. Né à Chambre en 1798, ordonné prêtre en 1822, il fut nommé vicaire de Vebret, peu de temps après, tranféré à la vicairie d'Anglards-de-Salers dont le curé, M. Rivet, âgé et surchargé de travail, avait besoin d'un collaborateur intelligent et dévoué.

M. Chabrat déploya dans cette paroisse une ardeur incomparable; mais ne trouvant pas là un aliment suffisant à son zèle, il alla aux Missions en 1824 ou 1825 et y resta jusqu'à 1830. Bel homme, éloquent, vif, d'une piété sévère, aimable en société, rieur avec ses confrères, mais toujours digne et fier, M. Xavier Chabrat acquit un grand renom parmi les populations de la Haute-Auvergne.

Il n'était pas improvisateur, mais ses sermons bien appris et débités avec onction produisaient un grand effet.

Son frère, Pierre Chabrat, se retira des Missions vers la même époque que M. Bouchy, en 1826, peut-être un peu plus tard. Il fut nommé à la cure de Ste-Eulalie où il resta jusqu'à 1829, époque où il devint curé de Salers, en remplacement de M. Bos, décédé. En 1854, il quitta cette paroisse et se retira à Chambre, son village natal, auprès de son frère évêque de Boliva, ancien coadjuteur de Louisville, en Amérique, et y mourut en 1859, âgé de 76 ans.

M. Chabrat et M. Bouchy eurent pour successeurs dans les Missions MM. Daidou et Faucher.

M. Daidou était natif d'Aurillac. Ses discours étaient élégants, soignés, débités avec grâce. Il plaisait infiniment. Sa jeunesse, son éloquence douce, modérée, éloignée de toute controverse, était du goût de tout le monde.

M. Faucher naquit à Apchon en 1793. « Doué des plus heureuses dispositions et d'une tendre piété, le jeune Faucher fut placé par ses parents au collége de Mauriac où il resta peu de temps; il alla continuer ses études classiques au collége de St-Flour avec le plus grand succès. Il se distingua au Grand-Séminaire où il embrassa chaleureusement

4*

l'opinion des libertés de l'Eglise gallicane qu'il a soutenue toute sa vie, sans jamais rien perdre de son inviolable attachement au suprême pontife de l'Eglise de Jésus-Christ. Promu au sacerdoce, M. Faucher se trouva trop à l'étroit au sein d'une paroisse. Il alla à Paris où il fut attaché pendant quelque temps à l'église de St-Philippe-du-Roule. Revenu à St-Flour, il entra dans les Missions où son zèle put se développer dans toute son étendue (1). »

Maintenant que nous connaissons les nouveaux missionnaires, disons encore un mot des Missions.

Une Mission dans une paroisse prenait les proportions d'un événement. Aussitôt qu'elle était annoncée, la joie éclatait parmi les fidèles, et ils accouraient de tous les lieux circonvoisins par bandes nombreuses avec un empressement infatigable. L'église était littéralement comble le jour et la nuit. Des confessionnaux étaient dressés partout, dans les chapelles, dans les tribunes, à la sacristie.

Dans une paroisse de deux mille âmes, par exemple, les missionnaires avaient quatre, cinq mille auditeurs, venus des paroisses voisines, où l'enthousiasme s'était communiqué et où les âmes les plus insensibles subissaient l'atmosphère religieuse qui les entourait.

Ce qu'il y avait de plus étonnant, c'était le pieux attachement des fidèles pour les hommes apostoliques qui leur apportaient le pain de vie et les divines joies de la vertu reconquise, attachement tel, que, lorsqu'ils quittaient une paroisse, c'étaient des pleurs, des adieux on ne peut plus touchants, des discours on ne saurait plus expressifs. C'était un empressement extraordinaire à les accompagner le plus loin possible sur le chemin du départ ; et cette manifestation de dévouement sincère ne se bornait pas là, les

____

(1) M. Chaumeil.

fidèles fesaient cinq , six lieues pour aller retrouver ceux qui leur avaient donné de si bons conseils, et distribué tant fois le pain de la parole et les grâces de Dieu.

J'ai eu l'honneur et le bonheur d'avoir été, pendant quelque temps, vicaire de M. Xavier Chabrat, curé de Riom-ès-Montagnes, et il me racontait les faits et gestes de ce temps des Missions qu'il appelait le plus beau de sa vie, le plus consolant de son ministère.

« Nous étions suivis, disait-il, de Mission en Mission par une foule d'anciens pénitents qui venaient nous demander de nouveaux conseils, des règlements de vie, nous rendre compte des résolutions autrefois prises, des réformes faites dans leur conduite. Et puis il fallait pacifier certaines familles, arrêter des procès, réconcilier des ennemis, décider des vocations ; c'était un travail incroyable, et, malgré ces labeurs de chaque jour, nous étions heureux, et nos courtes récréations étaient pleines d'une sainte gaité. »

On doit à la vérité de l'histoire de dire que le P. Murat était l'âme de ces pénibles missions.

« Le P. Murat, dit M. Clauzet, imprimait le premier mouvement, exerçait une influence plus décisive, plus entraînante et parvenait à ébranler les populations par sa puissante parole et la haute idée qu'on avait de sa sainteté. Lorsque le P. Murat manquait dans une Mission, chacun sentait qu'il y manquait quelque chose, et les bons habitants des campagnes rendaient leur pensée par une comparaison peu noble mais pleine d'énergie. Il fallait le voir s'oubliant entièrement lui-même , se, refusant toute récréation , se mettant, à toute heure et sans réserve, à la disposition de tout le monde et spécialement des pécheurs qui avaient les préférences de sa charité, et pour la conversion desquels il eût tout sacrifié, selon le magnifique oracle de St-Paul : *Super impendar pro animabus vestris.* »

CHAPITRE XI

**Les missionnaires transférés à Aurillac. — Le P. Murat
continue seul l'œuvre des Missions.**

En 1825, à l'époque où les Missions étaient à leur apogée,
Mgr de Salamon, évêque de St-Flour, et la ville de Salers,
dans le but de procurer un plus grand bien, entreprirent de
fonder de concert une école qu'ils se proposaient d'appeler
l'*École des missions diocésaines*. A ce sujet, entre l'évêque et
le Conseil municipal de Salers furent faites les conventions
suivantes :

1° La ville cède à perpétuité à l'évêque de St-Flour et à
ses successeurs les bâtiments et l'enclos dits de la Mission,
à la réserve d'un corps de logis séparé qui sera destiné à la
future école ;

2° Mgr l'évêque, de son côté, s'engage à laisser à Salers
la résidence des missionnaires et à fournir, en outre, quatre
professeurs, dont un pour apprendre à lire, écrire et cal-
culer, et les autres pour enseigner la grammaire et les éléments de la langue latine.

Le directeur de cette école sera prêtre et vivra avec les
missionnaires ;

3° La ville de Salers s'engage à payer annuellement la
somme de huit cents francs qui, avec la rétribution des
élèves, doit constituer le traitement des professeurs ;

4° Dans le cas où Mgr ne fournirait pas de professeurs et
où les missionnaires quitteraient Salers, la ville rentrerait
dans l'entière propriété des bâtiments et de l'enclos. Ces

conventions furent signées le 4 mai 1825. Mais de nombreuses difficultés survinrent.

Les démarches faites, les années suivantes, par la municipalité, pour obtenir l'autorisation du Gouvernement, n'aboutirent pas, et l'école ne put s'organiser. Les missionnaires, en outre, songèrent à exécuter un dessein qu'ils nourrissaient depuis longtemps, celui de quitter Salers et de s'établir au centre du diocèse, à Aurillac, d'où iis pourraient plus facilement se répandre dans toutes les paroisses. En 1827 ou 1828, ils quittèrent, en effet, Salers et allèrent se fixer dans le chef-lieu du département, au château de St-Etienne acheté, à cet effet, de madame de Fontanges par M. du Chambon.

La maison de Salers fut consacrée par la ville à l'établissement d'une école normale, et cette école ayant été dissoute plus tard, les bâtiments furent affectés à l'hospice communal, destination qu'ils ont encore aujourd'hui.

D'Aurillac, les missionnaires se répandaient dans le pays, continuant, là comme à Salers, leurs conquêtes pacifiques, vivant des aumônes que leur faisaient les paroisses où ils donnaient des missions.

Ils cherchaient moins à faire retentir la chaire d'une vaine éloquence qu'à trouver le chemin des cœurs, à les pénétrer d'une salutaire componction, à les attacher inviolablement au bien. Aussi leurs laborieuses missions étaient-elles couronnées de succès, et le mouvement des âmes, nous l'avons dit, était-il général et durable. Longtemps après, les parents disaient à leurs enfants les bonnes impressions qu'ils avaient reçues dans ces temps de salut, les bons conseils qui leur avaient été donnés.

Longtemps après, on aimait à chanter les vieux cantiques des missions. D'où venait cet élan magnifique?

Au sortir de la révolution et des guerres désastreuses du

premier empire, les populations agitées, bouleversées, étaient avides de paix, de foi, d'idées surnaturelles, de toutes ces choses venant de Dieu, qui consolent, qui purifient et donnent une base ferme à la vie en ouvrant devant elle un horizon nouveau, celui de l'espérance et du bonheur. Tel est, à mon avis, une des principales causes de cet enthousiasme qui circula comme un courant électrique dans toutes les paroisses de la Haute-Auvergne pendant dix ans. Il faut avouer aussi que le nombre élevé des missionnaires contribuait beaucoup au succès.

Aujourd'hui on appelle un ou deux missionnaires au plus. Que peuvent faire ces deux hommes ? Donner le mouvement à une population de trois ou quatre mille âmes ? Impossible. Bientôt les forces leur manquent ; obligés de faire un grand travail en peu de temps, de faire face à tous les événements, ils vont vite, et les consciences ne sont pas satisfaites. De la chaire au confessionnal, ils n'ont pas un moment de loisir pour réparer leurs forces et tout en souffre. L'élan des premiers jours se ralentit, semblable au flot de la mer qui, n'ayant reçu qu'une faible impulsion, meurt avant d'avoir atteint le rivage. Les âmes pécheresses restent en dehors du mouvement ; pour les entraîner, il faudrait un torrent, et le torrent n'arrive pas.

Au lieu d'un ou de deux hommes, supposez-en six, et vous verrez la paroisse emportée d'assaut. Chacun apportera une force nouvelle, et la somme de toutes ces forces réunies produira une puissance irrésistible. Moins épuisés, parce qu'ils se partageront le travail, ils auront plus d'éclat dans la voix, plus de feu dans le cœur, plus de vie en tout; ils pourront donner aux âmes tous les soins nécessaires, et comme ils sont nombreux, il y en aura pour tous les goûts ; et, en outre, ils confesseront tous les fidèles, et alors les prêtres de la paroisse se mettront à l'écart, ce que je regarde comme un moyen indispensable de succès. Si donc les Missions ne produisent pas les mêmes effets aujourd'hui qu'autrefois, cela tient, à mon avis, à ce que les missionnaires appelés sont trop peu nombreux, et le temps qui leur est donné est beaucoup trop restreint.

Revenons à nos missionnaires. Ces travailleurs du bon Dieu obtenaient partout les plus beaux succès. Mais les années s'écoulaient, et tout s'use dans ce monde. Arrive pour tout homme le moment d'un indispensable repos. Ce repos, on le trouve quelquefois dans le changement de position, dans un travail d'un nouveau genre, et alors on peut à la fois se reposer et travailler. C'est le cas de la plupart de nos ouvriers évangéliques. Les fatigues d'un pénible apostolat, les besoins du diocèse les déterminèrent à diriger leur zèle vers un autre ministère moins pénible peut-être, mais aussi fructueux, le ministère paroissial. D'ailleurs, toutes les paroisses du diocèse avaient été évangélisées, et on ne voyait pas la nécessité de recommencer un nouveau cycle.

En 1829, M. du Chambon fut nommé curé de St-Geraud d'Aurillac, en remplacement de M. Talandier, mort la même année. En 1838, pour récompenser ses travaux et ses vertus, Mgr de Marguerye le nomma chanoine de la cathédrale de St-Flour où il mourut en 1853, âgé de 87 ans.

M. Usse, en 1830 fut nommé curé d'Ytrac, puis curé de Laroquebrou, puis, en 1835, curé de Ste-Christine de St-Flour, enfin chanoine de la cathédrale en 1845. Il mourut en 1851, âgé de 78 ans.

M. Daidou passa en Afrique, devint curé à Alger, et alla mourir dans une congrégation religieuse.

M. Faucher fut promu à la cure de Marcenat, d'où il fut transféré à celle de Pierrefort. En 1852, il fut élevé à la dignité de chanoine titulaire qu'il honora jusqu'à sa mort qui arriva en 1867.

M. Pierre-Xavier Chabrat accepta la vicairie de St-Martin-Valmeroux où il ne demeura que quelques mois. Il fut nommé, en 1831, curé de Riom-ès-Montagnes. Il mourut dans cette importante paroisse en 1860, après trente ans de vie pastorale, modèle accompli de vrai pasteur, réformateur de son troupeau, fondateur d'une foule d'œuvres qui prospèrent encore.

Le P. Murat resta donc seul et continua l'œuvre des Missions sans découragement comme sans amertume contre les événements que lui ménageait la Providence. Telle est la vie des saints : les tristesses de la vie ne les arrêtent pas; ils poursuivent leur carrière magnifique, marchant à travers le monde à la conquête des âmes sous le regard de Dieu, peu soucieux des joies et des fortunes de la terre. La persévérance dans la même carrière est la marque des grands caractères et des nobles génies ; c'est la sœur de l'héroïsme. Je ne blâme pas ceux qui changent de positions et de chemin ; le plus souvent c'est une nécessité, et quelquefois un bien ; mais je prétends que marcher constamment dans la même voie sainte, hérissée de difficultés, c'est montrer un courage héroïque, une force surhumaine.

Changer, c'est de la nature humaine, ne pas changer, c'est tenir de la nature et de la puissance de Dieu.

Le P. Murat ne changea pas. Indomptable apôtre, il continua à se répandre dans plusieurs diocèses, prêchant des Missions, des retraites dans les paroisses, dans les petits séminaires, dans les communautés religieuses, et partout, par la bonté de son cœur, la véhémence de son zèle et l'ascendant de sa vertu, il produisait les plus heureux fruits de salut.

CHAPITRE XII.

Le pèlerinage de la Font-Sainte et le P. Murat.

En 1830, aux tristes jours de la Révolution, le P. Murat évitait les agitations politiques et se cachait dans les couvents, où il donnait sans bruit de petites retraites, y cherchant des consolations aux peines que lui causaient les malheurs de la patrie et déplorant, avec des cœurs qui le comprenaient, les crimes des méchants.

Mgr de Salamon était mort en 1829 et avait eu Mgr de Gualy pour successeur. Le nouvel évêque gouverna l'église de Saint-Flour pendant trois ans, et, pendant ce temps, il eut pour le P. Murat une confiance entière et la plus grande vénération. Dans ses tournées pastorales, il envoyait le saint missionnaire comme un précurseur devant lui pour préparer, par des exhortations pieuses, les enfants à recevoir le sacrement de Confirmation.

Instrument des miséricordes divines, l'homme de Dieu s'acquittait de cette tâche avec son ardeur ordinaire, soulevant dans l'esprit des enfants un mouvement d'idées saintes, lesquelles, se reflétant au dehors, les entouraient de cette auréole poétique et ravissante que l'on voit autour des âmes jeunes et pures.

Les retraites et les missions n'étaient pas les uniques travaux du P. Murat. Partout où il passait, il fondait des œuvres saintes, des associations pieuses. Comme le dit très-bien M. Clauzet, « l'influence de M. Murat ne se bornait pas au fruit immédiat des missions ; elle s'étendait bien au-delà.

« Il est dans le diocèse peu d'œuvres importantes auxquelles cet homme selon le cœur de Dieu n'ait coopéré ou par son initiative, ou par ses conseils, ou par ses encouragements. »

Une des belles œuvres de l'intrépide missionnaire est la construction de la chapelle de la Font-Sainte et le rétablissement de ce pèlerinage antique.

Voici ce que dit, à ce sujet, M. Combes, curé de Saint-Hippolyte, dans son *Manuel du Pèlerin de la Font-Sainte*, page 15 :

« M. Murat, missionnaire zélé du Cantal, ayant entendu parler de la Font-Sainte, se fit un plaisir, bien digne d'un homme apostolique, d'aller évangéliser les pèlerins ; et plusieurs personnes encore disent, en regardant la croix de granit : *Voilà où préchait le P. Murat.*

« Le saint missionnaire pensa dès lors à procurer à cette foule pieuse qui vient de toute part sur la montagne, les moyens d'y puiser avec plus d'abondance les grâces spirituelles, mille fois plus précieuses que toutes les autres faveurs. Il voyait avec peine que dans l'oratoire si modeste et si étroit de la Font-Sainte, le pèlerin ne pouvait ni s'approcher du sacrement de Pénitence, ni recevoir la Sainte-Eucharistie, et il conçut le désir de voir s'élever une chapelle assez spacieuse pour contenir la majeure partie des fidèles, et assez décente pour qu'on pût y célébrer les saints mystères et y réconcilier ceux qui le demanderaient. Il fit part de cette pensée à Mgr de Gualy, d'heureuse mémoire. Ce prélat, alors évêque de Saint-Flour, voulut visiter en personne le pèlerinage de la Font-Sainte, et, après avoir tout examiné par lui-même, il approuva le dessein de M. Murat. La construction d'une chapelle à côté de l'oratoire fut donc décidée, mais les ressources manquaient encore pour réaliser cette sainte entreprise. Le zélé missionnaire y pourvut; il obtint du prélat la permission de faire une quête dans tout le diocèse, et bientôt il eut une collecte suffisante pour jeter les fondements de la chapelle désirée. »

En 1833, au moment où Mgr de Gualy était nommé archevêque d'Albi, le P. Murat envoyait la circulaire suivante à tous les curés du diocèse :

NOTRE-DAME DE LA FONT-SAINTE.

« Il existe, depuis un temps immémorial, sur les montagnes qui séparent Cheylade de Colandre, un oratoire dédié à la sainte Vierge, appelé la Font-Sainte. Les effets merveilleux opérés souvent en faveur de ceux qui y vont en pèlerinage, y attirent, pendant l'été, un grand concours de fidèles qui viennent surtout de l'arrondissement de Mauriac et de Murat, pour rendre leurs hommages à la Reine du Ciel et de la terre, qui semble vouloir être honorée d'une manière particulière dans cette humble demeure, et dans laquelle elle exerce sa puissante protection en faveur de ceux qui vont la visiter avec de saintes dispositions. Pendant l'hiver, la statue miraculeuse, et qui est en grande vénération, est déposée dans une chapelle de l'église de Saint-Hippolyte, où les fidèles vont encore l'honorer. La renommée de ce précieux asile, que le Ciel a choisi pour y faire honorer la reine des anges et des hommes, est parvenue jusqu'aux oreilles de notre pieux et très-zélé prélat que nous avons le malheur de perdre, et de la perte duquel nous ne nous consolerons jamais. Son zèle et sa grande dévotion pour la Reine des vierges l'ont porté à visiter le modeste oratoire déjà si célèbre. La Font-Sainte est située sur une montagne, en face de la chapelle de Vassivière, sur la même ligne que celle de Notre-Dame-de-Lescure, dite de la *Visitation*, placées, l'une et l'autre, sur des montagnes, ainsi que la fameuse chapelle de Fourvière, de Lyon, qui sont, les unes et les autres, en si grande vénération. Il semble que le Ciel, qui a fait de si grandes merveilles en faveur de la Mère de notre divin Sauveur, merveilles qui doivent être célébrées dans toutes les nations jusqu'à la fin des siècles, il semble, dis-je, que le Tout-Puissant a choisi, pour faire honorer l'auguste Marie, des lieux remarquables, surtout par leur élévation, qui semblent rapprocher du Ciel ceux qui y vont pour lui payer le tribut de leurs hommages. La Font-Sainte est bâtie sur une source abondante et dont les eaux toujours limpides et bienfaisantes sont le symbole bien expressif de l'Immaculée-Conception, de la virginité perpétuelle et de la pureté angélique de cette incomparable Vierge. Son élévation semble nous démontrer le grand pouvoir qu'elle a auprès de son divin Fils pour faire jaillir sur nos âmes, du sein de la divine miséricorde, des grâces en abondance, comme ces sources bienfaisantes qui coulent du sommet des montagnes et fertilisent le sol qu'elles arrosent. Mgr de Gualy n'a pu voir sans étonnement et sans être attendri, qu'un oratoire si fréquenté fût si pauvre et si petit : il n'a pas quatre pieds en carré. Par conséquent, les fidèles qui y vont en dévotion, et dont plusieurs ont des infirmités, sont forcés de rester dehors, exposés à prendre mal à cause de la rigueur du climat et à manquer souvent la sainte Messe le saint jour du dimanche.

« Sa Grandeur a senti la nécessité de faire bâtir sur cet endroit privilégié une chapelle assez vaste pour y célébrer la sainte Messe et pour recevoir les fidèles qui viendront y satisfaire leur dévotion : ainsi les sentiments d'humanité se joignent à ceux de la religion. Il n'est pas d'âme bien née qui ne doive désirer la construction de cette chapelle.

« Les offrandes faites jusqu'à présent à la Font-Sainte

ont été employées aux réparations de l'égllce de Saint-Hippolyte , et cette paroisse n'est pas assez riche pour fournir à toutes les dépenses nécessaires pour la construction de ce précieux monument. La Providence sera donc notre seule ressource, et nous avons la confiance que ce ne sera pas en vain que nous l'invoquerons pour une œuvre qui ne peut que lui être très-agréable.

« Notre bon prélat ne pouvant pas lui-même terminer cette entreprise, l'a recommandée au zèle et à la générosité de son clergé , qui lui a donné de si grandes marques de confiance. Sa Grandeur a eu l'extrême bonté de nous confier l'éxécution de cette entreprise. Tout indigne que nous en sommes, nous l'avons acceptée avec d'autant plus d'empressement que nous croyons devoir attribuer à la protection de la Mère de miséricorde tout le succès que nous avons eu jusqu'à présent dans nos fonctions. Que toutes les âmes dévouées à la sainte Vierge nous permettent de faire un appel à leur générosité. Nous savons que dans ce diocèse , presque tous les fidèles ont une grande confiance en la Reine des anges. Eh! qui pourrait ne pas avoir confiance en celle qui est tout à la fois et Mère de Dieu et Mère des hommes, et qui, tant de fois, nous a fait ressentir les heureux effets de sa puissante protection? N'est-ce pas, en effet, elle qui a été pour nous le canal dont Dieu s'est servi pour nous combler de ses grâces? N'avons-nous pas tous besoin de la protection de cette tendre Mère au milieu de cette vallée de larmes et de misères , surtout dans un temps où l'impiété et l'incrédulité font tant d'efforts contre notre sainte religion? Ce ne sera pas en vain que nous aurons recours à celle qui, dans tous les temps, a triomphé de toutes les hérésies : *Cunctas hæreses in universo mundo interemisti.* Rallions-nous donc tous auprès de notre Mère commune; ranimons notre zèle pour publier ses grandeurs, étendre son culte et augmenter le nombre de ses serviteurs. La chapelle que nous allons bâtir en son honneur sera un puissant moyen pour atteindre ce but.

« Secondons les pieuses intentions de notre illustre Pontife ; donnons-lui cette marque de reconnaissance pour tant de bontés qu'il a eues pour nous. C'est surtout à nous, prêtres, qui avons des rapports si particuliers avec cette auguste Vierge, à rivaliser de zèle et de générosité pour une entreprise qui ne peut lui être que très-agréable et très-propre à entretenir la piété des fidèles. Pour nous encourager, pensons au bien qui se fera dans cette chapelle dans la suite des siècles, et à la part particulière qu'en retireront les bienfaiteurs, sans parler de la protection spéciale que leur accordera cette tendre Mère. Il est inouï, dit saint Bernard, ce grand serviteur de Marie, que jamais personne ait eu sincèrement recours à Marie et qu'il en ait été abandonné. Nous vous laissons le soin de voir dans votre sagesse les moyens que vous croirez les plus propres pour avoir un heureux résultat. Vous verrez s'il convient de faire une quête dans l'église ou à domicile : si vous ne pouviez pas la faire par vous-mêmes ou par MM. vos vicaires, ou par toute autre personne qui inspirerait de la confiance, vous pourriez vous servir très-utilement d'un élève du Grand-Séminaire, si vous en avez dans la paroisse. Ces jeunes lévites se distinguent surtout par leur dévotion à la sainte Vierge, en l'honneur de laquelle ils ont fait construire une chapelle magnifique dans le Grand-Séminaire. Je ne doute pas qu'ils ne se prêtent avec zèle à une entreprise qui ne peut être que très-agréable à notre puissante Médiatrice. Nous prions MM. les desservants, ainsi que les autres personnes qui feront des offrandes, de les remettre à MM. les curés de canton ; ceux-ci sont priés de les envoyer à Mgr l'évêque ou à M. Fouilhoux, son secrétaire , au plus tard dans le mois de septembre.

« O Marie ! ô notre tendre Mère ! c'est en votre honneur que nous faisons cette pieuse entreprise ; c'est pour publier les merveilles que le Tout-Puissant a opérées en votre faveur en vous préservant du péché originel, en vous choisissant pour la Mère du Sauveur du monde sans que votre virginité ait éprouvé la moindre altération ; c'est pour vous témoigner notre reconnaissance pour tant de grâces que vous nous avez obtenues de la bonté infinie de votre divin Fils. Si vous daignez prendre sous votre protection cette bonne œuvre , nous serons assurés du succès. Daignez nous vous en conjurons, intercéder pour les bienfaiteurs de la Font-Sainte, et en particulier pour celui qui est le plus indigne de vos serviteurs , mais qui désire ardemment de faire quelque chose qui vous soit agréable.

« A Saint-Flour, le 16 juillet 1833. MURAT, P. missionnaire. »

Le P. Murat ne se contenta pas d'écrire en faveur de la Font-Sainte ; il mit au service de cette sainte entreprise l'éloquence de sa parole. Entre si bonnes mains , l'affaire réussit. Les aumônes réunies s'élevèrent à 3,436 francs. On se mit donc à l'œuvre. M. Combes , dans son *Manuel,* ajoute :

« M. Valarcher, Jean-Baptiste, né au village de Rochemonteix, commune de Saint-Hippolyte, et ancien notaire à la résidence de Cheylade, donne , par acte authentique, le terrain sur lequel fut bâtie la chapelle longtemps désirée, et mérita, par sa générosité, que son nom fût inscrit parmi ceux des bienfaiteurs insignes de la Font-Sainte. On mit la main à l'œuvre. En 1837, la chapelle, commencée cette même année, était debout, et le 8 septembre suivant, M. de Rochemonteix, de Pradines (commune de Cheylade), vicaire général de Poitiers, en fit la benédiction solennelle en présence d'une assemblée très-nombreuse. Depuis ce jour on put offrir, sur la montagne, la Victime auguste qui efface les péchés du monde. L'érection de la chapelle a donné à ce pèlerinage une extension incroyable. »

« Le P. Murat n'oublia jamais sa chère Font-Sainte qui est, dit-il, dans une lettre, comme la piscine de Siloé, où les âmes viennent souvent se purifier de la lèpre du péché, tandis que Marie obtient pour les corps des guérisons surprenantes. »

Dans une autre lettre écrite à M. Teillard, curé de St-Hippolyte, du château de St-Etienne, 1er août 1841, le P. Murat ajoute :

« Mon cher confrère, je ne puis résister à l'attrait qui me porte à m'entretenir quelques instants avec vous. Je bénis la divine Providence qui, malgré tous les obstacles, vous a conduit auprès de la divine Vierge de la Font-Sainte. Je ne sais comment vous vous y trouvez, mais, pour moi, j'éprouve une joie et une complaisance que je ne saurais définir, en pensant que celui que je regarde comme un de mes chers amis, est devenu le courtisan, que le bon Dieu me pardonne cette expression, de la Reine du Ciel et de la terre. Je sens depuis ce temps ma confiance se ranimer. Je ne passe pas de jour sans porter mes regards sur cette montagne privilégiée qui a mérité de devnir le séjour de l'incomparable Vierge. *Levavi oculos meosin montem, unde veniet auxilium mihi.* La charité qui vous anime vous portera, je l'espère, à recommander souvent à cette tendre mère le pauvre missionnaire qui ne peut rien par lui-même. »

« Montagne de la Font-Sainte, que de précieux souvenirs tu rappelles, qu'heureux sont ceux qui ont le bonheur de te visiter ! Tu me rappelles le Mont-Carmel sanctifié par la demeure d'un illustre prophète : *Gloria Libani data est ei, decor Carmeli et Sarron !* Vous aurez, j'en ai la confiance, quelque part aux inspirations de ce saint prophète ; l'incomparable Vierge vous les obtiendra. Montagne de la Font-Sainte, tu me rappelles le Mont-Sinaï, car sur toi le Roi de gloire manifeste aux hommes ses saintes volontés par la médiation de la reine des anges, non plus au milieu des foudres et des éclairs, mais dans un torrent de consolation et au milieu des parfums des fleurs dont se pare, en ce moment, ce saint lieu favorisé du Ciel. Vous direz sans crainte : *Respice, Domine....* et la présence de la puissante reine du Ciel vous remplira de confiance. Montagne Sainte, tu me rappelles le Thabor ! Oui, le Thabor ! Et plus d'une fois vous direz : *bonum est nos hic esse, faciamus hic tria tabernacula....* Demandez aussi un petit coin pour le pauvre pèlerin. Montagne de la Font-Sainte ! tu me rappelles le Calvaire, celui où le Dieu de toute sainteté s'immola pour nous par un excès d'amour. Vous vous immolerez aussi avec le disciple bien-aimé ; mais aussi vous aurez la douce consolation d'entendre ces paroles : *Mater, ecce filius tuus*, et à vous : *Ecce mater tua.* Oh ! bonheur inestimable ! un peu de part, s'il vous plaît...,

« Je vais vous envoyer une quinzaine de grosses de médailles de la Font-Sainte que nous avons fait frapper. Je pars le 12 août pour aller donner des Missions dans le diocèse de Tulle. Les sœurs de la Sainte-Famille vous offrent leur respect. Murat, missionnaire. »

Par les détails que nous venons de donner, on voit que c'est à juste titre que le P. Murat est appelé le restaurateur du pèlerinage de la Font-Sainte.

CHAPITRE XIII

Mission du P. Murat dans le diocèse d'Albi

Après avoir mis en bonne voie le poétique pèlerinage de la Font-Sainte en faveur duquel d'ailleurs il continua à prêcher, le P. Murat, toujours épris du salut des âmes, s'en alla évangéliser les populations ardentes du département du Tarn.

Nous l'avons dit, Mgr de Gualy fut promu, en 1833, à l'archevêché d'Albi et remplacé sur le siége de Saint-Flour par Mgr Cadalen.

L'évêque qui nous quittait avait su apprécier les hautes vertus et le zèle apostolique du P. Murat. Témoin des prodiges opérés dans la conversion des âmes par l'apôtre de l'Auvergne, il le regardait comme un saint, et certes, c'était à juste titre. Aussi, à peine arrivé dans son nouveau diocèse, Mgr de Gualy se hâta-t-il de l'appeler auprès de lui et de l'envoyer rompre le pain de la parole à son nouveau peuple.

Le saint missionnaire, qui ne recula jamais devant aucune œuvre utile au salut du prochain, accepta avec joie la mission que voulait bien lui confier son ancien évêque. Mais occupé à faire une mission dans le canton de Maurs, il tardait trop à se rendre dans le Tarn. L'archevêque d'Albi lui écrivit la lettre suivante :

« Archevêché d'Albi, le 31 janvier 1834. — Mon cher Monsieur, le Jubilé ne s'ouvre ici que le troisième dimanche du Carême, aussi vous nous seriez fort utile quand vous ne viendriez qu'après la mi-février ; mais je vous prie de vous presser. Mgr de St-Flour consent à votre voyage ; il me l'a dit, et vous pouvez lui écrire, il est à St-Flour. Il est question de faire réussir la grande œuvre du Jubilé, de donner goût au diocèse pour les retraites et de bien débuter. Ce sont des biens immenses, mais il ne faut pas commencer trop tard ; nous devons nous presser, venez donc, je vous prie, le plus tôt que vous pourrez, vous trouverez un homme qui a pour vous une tendresse de frère et qui sera toujours, avec vénération, votre dévoué serviteur. Edouard, archevêque d'Albi. Mes tendres souvenirs à MM. les curés de Maurs, de St-Constant, de Boisset, etc., à MM. Mijoule, de St-Paul, et autres prêtres de ces quartiers. »

Arrivé dans ces contrées méridionales où la foi est vive, mais où les mœurs sont bien différentes des nôtres, le P. Murat se mit à prêcher avec un tel zèle, qu'il étonna les populations de ces pays par la puissance de sa parole, l'ampleur de sa voix et la véhémence de son action, en même temps que par l'ardeur de sa foi et l'austérité de sa vie.

En appelant le P. Murat dans son diocèse, Mgr de Gualy avait une autre pensée, pensée généreuse et sainte. Admirateur ému de ces institutions humbles mais fécondes en résultats salutaires qu'il avait trouvées faisant le bien dans le diocèse de St-Flonr, les tiers-ordres de St-Dominique, de St-François et la congrégation de Ste-Agnès, Mgr l'archevêque d'Albi voulut les implanter dans son diocèse. Tout naturellement il chargea le P. Murat de cette œuvre difficile.

Le 10 mars 1834 il lui écrivait la lettre suivante. Le P. Murat était alors en mission dans les montagnes du Tarn.

« Monsieur et cher ami, votre bonne lettre du 8 a été

un baume pour ma pauvre âme, toujours malade de la pensée de la pesanteur du fardeau qui m'est imposé et de l'incapacité de celui qui est destiné à le porter. Il est donc vrai que nous avons dans nos montagnes des âmes qui nous rappellent la ferveur de celles de certaines campagnes du diocèse de Saint-Flour ! Que Dieu en soit béni ! Qu'il daigne vous attacher à un pays qui semble vous tendre les bras et qui a un grand besoin d'être évangélisé. J'irai vous joindre dans ces montagnes environ quinze jours après Pâques. Je vous recommande, avec de très-vives instances, de tâcher d'établir, dans les quartiers où vous êtes, les sœurs de Sainte-Agnès ou celles de Saint-Dominique. Vous ne sauriez rendre un service plus signalé au diocèse, ni me faire un plus grand plaisir ; je tiens beaucoup à ces bonnes sœurs. Elles sont en partie le principe de la piété qui règne dans le Cantal. Quel bonheur si leur institut se répandait dans le département du Tarn ! Vous savez avec quel attachement affectueux je suis, etc. EDOUARD, arch. d'Albi. »

Le P. Murat continua pendant plusieurs mois ses travaux apostoliques dans le diocèse d'Albi ; mais, à mon grand regret, j'en ignore les détails. Ce que je puis affirmer, toutefois, — car la lettre suivante en est un véritable témoignage, — c'est que l'homme de Dieu établit la congrégation des sœurs des Tiers-Ordres (1) et eut dans ces contrées des succès aussi beaux, aussi féconds que ceux qu'il avait eus dans ses missions d'Auvergne.

« Archevêché d'Albi, le 11 mai 1834. A Monsieur Murat, missionnaire à Villelangue. Monsieur et cher ami, je me réjouis beaucoup dans la pensée que vous avez renoncé aux retraites de Saint-Flour de cette année, que vous êtes

______

(1) Une personne digne de foi m'a assuré que le P. Murat avait, dans le Tarn, agrégé plus de 400 sœurs aux Tiers-Ordres ou à la congrégation de Sainte-Agnès.

dans mon diocèse, que vous y êtes goûté et vénéré comme vous le méritez, que vous y faites un très-grand bien par les retraites que vous y donnez, et que vous en ferez encore si vous continuez à y évangéliser. Je prie Dieu de vous inspirer la pensée de vous fixer dans un pays qui a un grand besoin de missions, et où la terre paraît propre à faire produire abondamment la semence que l'on y jette.

« Si vous pouvez vous occuper encore utilemeut dans ces montagnes un couple de mois, vous viendrez ensuite à la retraite ecclésiastique que l'excellent M. Berger doit nous donner cette année, et là nous prendrons nos mesures pour vous envoyer, comme à Saint-Flour, me préparer les voies, afin de visiter ensemble, dans le printemps, trois ou quatre cantons, paroisse par paroisse, car c'est la vraie méthode, mais j'ai besoin de vous pour l'exécution.

« Ce diocèse offre un champ vaste à votre zèle et des ressources pour vos vieux jours. Craignez, en vous éloignant, de manquer à la Providence; dans le cas où vous ne pourriez donner des missions jusqu'à l'époque de la retraite ecclésiastique, vous avez le palais épiscopal, le séminaire de Castres et le couvent d'Ouillas, près Tressac, qui vous offrent un lieu de repos. Vous serez ravi de Castres, où les bonnes œuvres et toutes les pieuses institutions sont en grande recommandation. M. le supérieur, qui est un homme du plus grand mérite, vous recevrait volontiers, et je me chargerai de cette affaire.

« En cas de besoin, je vous autorise de nouveau à ériger partout, dans mon diocèse, le chemin de la Croix, le Rosaire-Vivant, les confréries, et à user généralement de tous les pouvoirs qui vous ont été donnés par les souverains Pontifes. S'il y avait ensuite le moindre doute sur la validité de ces érections, nous y remédierions à l'époque de la retraite ecclésiastique par de nouvelles érections authentiques dont je vais faire imprimer des exemplaires. Je vous recommande surtout l'établissement de la congrégation des sœurs de Sainte-Agnès. Je voudrais bien que cette pieuse institution se répandît dans le diocèse. Donnez-moi part à vos prières et croyez-moi, mon cher Monsieur, votre dévoué et bien affectionné serviteur. EDOUARD, arch. d'Albi. »

Ici se bornent nos renseignements sur les missions du P. Murat dans le diocèse d'Albi. Malgré les affectueuses sollicitations de l'archevêque qui désirait le retenir dans son diocèse, malgré l'amitié de M. Vernhe, vicaire-général que Mgr de Gualy avait amené de Saint-Flour, malgré les offres avantageuses qu'on lui faisait, le P. Murat ne crut pas devoir se fixer dans le diocèse d'Albi et rentra, je ne sais à quelle époque, dans les montagnes d'Auvergne, où la Providence le destinait à la création de nouvelles œuvres.

CHAPITRE XIV.

**Missions du P. Murat dans le Limousin. — Autres
compagnons de son apostolat.**

Le P. Murat ne fut pas seulement l'apôtre de l'Auvergne
et du Tarn, mais encore celui du Limousin. Il apportait
partout le feu de sa foi vive, l'exemple du plus héroïque dévouement et l'édification de son austérité monastique. Les
bonnes œuvres qu'il créait en Auvergne ne l'empêchaient
pas d'aller évangéliser les diocèses voisins. Pendant vingt
ans il a fait des missions dans le diocèse de Tulle, et là
encore il a laissé une grande réputation de sainteté.

M. de Lafarge, son ancien curé à Fontange, étant devenu
chanoine de Tulle, lui donna pour ses bonnes œuvres la
somme de deux mille francs, à condition qu'il prêcherait
vingt missions dans la Corrèze ; il en prêcha plus de cent.
L'arrondissement d'Ussel, le canton de Meymac, le canton
de Neuvic, toute cette partie du Limousin qu'on appelle
Xintrie, c'est-à-dire les territoires de St-Privas, de Servières, d'Argentat, de Beaulieu, etc., furent tour-à-tour évan-
gélisés par l'intrépide missionnaire qui, partout, passa faisant le bien, conquérant involontaire des louanges et des
hommages des populations. Voici le témoignage d'un de
ses compagnons dans les labeurs de la vie apostolique.
M. Griffouillère, chanoine et missionnaire du diocèse de
Tulle, m'écrivait le 4 novembre 1871 :

« M. l'abbé, je vous suis infiniment reconnaissant de
vouloir publier les vertus et les travaux du vénérable

P. Murat, l'apôtre de l'Auvergne et du Limousin. J'ai eu le bonheur d'être pendant sept ans son Timothée, j'ai toujours admiré l'homme de Dieu. Le P. Murat a exercé pendant plus de vingt ans, avec succès, le ministère des Missions dans le diocèse de Tulle où il est regardé comme un saint. Je puis dire, monsieur, que j'ai entendu bien des prédicateurs, des jésuites, des domicains, etc., je n'ai rencontré que deux véritables missionnaires : le P. de Bussy, jésuite, et le P. Murat.

« La phrase et le langage du P. Murat laissaient peut-être à désirer, mais ses discours étaient pleins de doctrine, à la portée de tout le monde. Il possédait à un degré supérieur la clef des âmes. Voilà plus de trente ans que j'annonce comme missionnaire la parole de Dieu dans le diocèse de Tulle, j'ai parcouru presque toutes les paroisses ; si j'ai fait quelque bien, tout le mérite en revient au P. Murat que je me suis appliqué à imiter. »

Les Missions sont pénibles, pénibles au corps qu'elles épuisent, pénibles à l'âme qu'elles désolent par le tableau qu'elles lui présentent de toutes les misères morales, de toutes les turpitudes du péché ; pénibles par les voyages incessants qu'elles nécessitent de jour et de nuit, sous l'intempérie des saisons et par les chemins ardus. Eh bien ! le P. Murat, sans faiblesse et sans ennui, offrait toutes ses douleurs à Dieu et marchait victorieux à la poursuite des âmes, de paroisse en paroisse, de diocèse en diocèse. Ses forces pouvaient s'épuiser, son courage jamais : Dieu le soutenait.

Dans le Limousin comme en Auvergne, c'était, de son côté, mêmes transports de zèle, même amour des âmes, et du côté des populations, même empressement à courir à ses prédications, même concours, même ferveur et même profit. Il encourageait les œuvres pieuses déjà existantes dans les paroisses , en fondait de nouvelles ; telles que la confrérie du Saint-Sacrement, la congrégation des enfants de Marie, etc. Le serviteur de Dieu ne négligeait rien pour procurer la gloire de son Maître : prédications, confessions, catéchisme , exhortations particulières , prières , mortifications, offrande de sa vie, tout était mis en œuvre.

Un autre moyen que cet infatigable ouvrier de la vigne du Seigneur employait pour obtenir un plus grand bien, c'était de s'associer des compagnons d'apostolat. Il savait, par expérience , qu'un seul homme peut difficilement soutenir le mouvement et l'entrain d'une mission ; aussi chercha-t-il constamment , après la retraite de ses anciens compagnons, à se donner des aides.

Pendant sept ans , M. Griffouillère fut son compagnon dans les missions du Limousin. Vers 1835 ou 1836, il s'attacha M. l'abbé Maury. Cet ecclésiastique était né à la Malevieille, dans la paroisse de Lescure, et, après de brillantes études, il avait été promu au sacerdoce. D'abord professeur au Petit-Séminaire de Saint-Flour, il devint successivement vicaire de Cheylade, de St-Simon et de Neuvéglise.

« C'est dans ce dernier poste qu'il fut remarqué par l'excellent M. Murat. Le zèle de ce jeune abbé, sa parole facile , entraînante , lui faisaient présager les plus heureux succès dans la carrière des missions. M. Maury, qui , de son côté, se sentait du goût pour ce ministère extraordinaire, se rendit à ses désirs , et voilà ces deux apôtres qui s'en vont dans les diverses paroisses du diocèse annoncer la parole de Dieu, prêcher la pénitence, convertir des milliers d'âmes et les envoyer au Ciel. On se rappelle encore et leurs pénibles travaux, et leurs nombreuses retraites , et les fruits abondants qu'elles produisirent. Ces deux missionnaires, nés avec les mêmes aptitudes, les mêmes goûts, auraient voulu ne jamais se séparer ; mais la Providence en décida autrement. Un jour, le plus jeune se vit dans l'impossibilité de continuer sa tâche ; sa santé s'était altérée, les forces avaient trahi son zèle ; il fallut donc rentrer dans le ministère ordinaire. Ses supérieurs le nommèrent successivement aux postes de Lascelle et de Thiézac. (1) »

En 1854, M. Maury fut nommé curé-doyen de Marcenat, où il mourut en 1870. Après M. Maury, le P. Murat s'adjoignit M. Abeil, curé de Crandelles, qu'il eut pour coopérateur pendant cinq ans, de 1838 à 1843. M. Abeil est né au Bex, canton sud d'Aurillac. Il vit encore, et il m'a fourni de précieux renseignements sur la vie et les œuvres du P. Murat.

M. Maury et M. Abeil ont suivi le saint missionnaire dans plusieurs de ses courses en Limousin, et ils ont constaté les brillants succès du saint missionnaire. On m'a parlé avec éloge des missions données par le P. Murat à Lamazière-Basse en 1838, à Neuvic en 1839 et 1840, à St-Hilaire-Luc en 1850 ; partout succès prodigieux. Dans la première mission de Neuvic, la foule fut si nombreuse qu'on fut obligé d'avoir à sa disposition continuellement de dix à douze confesseurs. A St-Hilaire-Luc, la mission eut lieu pendant la moisson ; les habitants du pays travaillaient le jour et se rendaient à l'église la nuit, pour se confesser et y entendre les prédications sans jamais se lasser.

Les anciens élèves du Petit-Séminaire de Servières parlent encore des retraites données par le P. Murat, de sa parole de feu, de ses mouvements saintement passionnés et de ses accents de foi terribles.

En Limousin comme en Auvergne, on avait une si haute idée de la sainteté du P. Murat, que l'on conservait comme des reliques vénérables les images, les médailles qu'il distribuait, les débris qui tombaient de ses habits.

(1) Article nécrologique dans la *Haute-Auvergne*, n° du 26 novembre 1870.

CHAPITRE XV.

**Établissement de la Sainte-Famille, d'un orphelinat
et d'une école de sourdes-muettes.**

Depuis longtemps, le P. Murat avait constaté que beaucoup de jeunes filles, dans les villes surtout, se perdaient faute de travail et de conseils, abandonnées sans guide dans le monde, exposées à tous les dangers et tentations de la vie. Dans sa sollicitude sainte, il résolut de chercher un moyen de venir en aide à ces pauvres délaissées et conçut le projet d'établir un ouvroir où elles apprendraient à travailler des mains, à gagner quelque argent, tout en se formant à la vertu et à la vie de luttes contre les suggestions des sens et du démon.

Mais il fallait à la direction de son œuvre une communauté religieuse. Après avoir longuement réfléchi, après avoir consulté son évêque et pris l'avis des personnages éminents dans le clergé, le P. Murat jeta les yeux sur la congrégation de la Sainte-Famille de Lyon, comme la plus apte à l'accomplissement de ses desseins. Dans les missions, il avait rencontré quelques jeunes personnes qui lui paraissaient avoir les qualités nécessaires à l'édification de sa maison de charité ; il leur fait part de ses projets. Ces jeunes filles acceptent avec joie la laborieuse mission qui semble leur venir du Ciel, et le P. Murat les envoie, sous la conduite de M. Abeil, son compagnon d'apostolat, à la communauté de la Sainte-Famille de Lyon, pour qu'elles se forment à la vie religieuse et aux œuvres de leur nouvelle destinée. Elles étaient au nombre de quatre.

L'année suivante, en 1839, elles rentrèrent à Aurillac,

accompagnées de deux religieuses de la Sainte-Famille qui devaient être le noyau et le fondement de la communauté nouvelle. Le P. Murat les logea dans une maison de la dépendance du château de Saint-Etienne, et là il les instruisait de son mieux, leur expliquait ses vues, conférait avec elles des moyens à prendre pour réussir et les encourageait par la perspective d'un bien immense à faire. On se met enfin à l'œuvre; quelques orphelines se présentent; de jeunes filles viennent et commencent à peupler l'ouvroir.

Ecoutons M. Abeil, un des acteurs, raconter lui-même les origines du nouvel établissement : « Admirons surtout, dit-il, l'ardeur que le P. Murat a mise à réunir des vocations et à fonder, en 1839, la communauté de la Sainte-Famille à Aurillac, en vue de procurer la vie religieuse aux jeunes personnes résolues de vivre de leur travail en communauté et de recueillir de pauvres orphelines en aussi grand nombre que possible. J'ai présent à mon esprit le zèle avec lequel il m'a chargé de conduire à la maison-mère de la Sainte-Famille, à Lyon, les quatre premières postulantes, fournissant à leur voyage, à leur trousseau, à leur pension, à leur premier ameublement.

« Revenues à Aurillac avec deux religieuses de la maison de Lyon, elles furent logées au château de St-Etienne, et le P. Murat me chargea en second de prendre soin de ce noyau, remuant, en quelque sorte, toutes les pierres vives du sanctuaire pour développer ce grain de sénevé, organisant dans Aurillac une association de charité pour les pauvres orphelines; Dieu bénit ses efforts et sa sollicitude, au point que, dans la deuxième année, la communauté naissante, provisoirement réunie au château bas de Saint-Etienne, comptait de quarante à quarante-cinq personnes, religieuses, postulantes, ouvrières ou orphelines. »

L'établissement d'un ouvroir, d'une école et d'un orphelinat ne pouvaient satisfaire l'inextinguible soif de charité qui dévorait le saint prêtre. Il était une autre misère de la pauvre humanité qu'il voulait secourir. L'état déplorable, à tous les points de vue, des enfants sourds-muets excitait sa piété et soulevait dans son cœur si éminemment sacerdotal des tristesses d'autant plus grandes que sa foi et sa charité étaient plus vives. Il fut donc résolu qu'on ouvrirait une école pour les petites filles privées de la parole et de l'ouïe. Mais il fallait un local, des fonds et une religieuse capable d'enseigner les sourdes-muettes. Rien n'est impossible à l'homme de foi ; la pieuse industrie du P. Murat vint à bout de tout : les fonds et le local furent trouvés, on envoya à Clermont une sœur apprendre la méthode d'enseignement, et, en 1846, on ouvrit la nouvelle école qui, malgré de nombreuses difficultés, réussit, à la grande joie de l'homme de Dieu et de sa jeune communauté.

La création de toutes ces bonnes œuvres eut lieu durant les premières années de l'épiscopat de Mgr de Marguerye.

Mgr Cadalen était mort à Saint-Flour le 17 avril 1836, après deux ans et quelques mois d'épiscopat, et Mgr Frédéric-Gabriel-François de Marguerye, vicaire-général de Soissons, lui avait succédé en 1837.

Le P. Murat trouva dans le nouvel évêque, comme dans ses prédécesseurs, aide et protection pour ses œuvres apostoliques. Fort de l'approbation et des bénédictions du prélat, l'homme de Dieu, pour intéresser à ses créations le clergé du diocèse, écrivit aux pasteurs des paroisses la circulaire suivante :

« MAISON DES ORPHELINES ÉTABLIE A AURILLAC.

« La religion, descendue du Ciel, est venue sur la terre pour consoler l'homme dans cette vallée de larmes et de misères. Elle est toujours féconde en bonnes œuvres et se plaît à faire sentir à tous son influence salutaire ; mais à l'exemple de son divin Auteur, elle aime l'enfance d'un amour de prédilection. Comme Lui, elle nous crie sans cesse : *Laissez venir à moi les petits enfants, car le royaume des cieux leur appartient*. Elle éprouve surtout une bien vive sollicitude pour l'enfant délaissé et malheureux. A la vue de son abandon et des périls qu'il court, elle sent ses entrailles émues et ne peut s'empêcher de se regarder comme sa mère ; aussi, de tout temps, a-t-elle ouvert des asiles aux orphelins et un refuge à l'innocence en péril.

« Grâce à la divine Providence, notre diocèse est riche en communautés religieuses qui prodiguent leurs soins aux jeunes personnes, même à celles de la classe indigente. Mais combien, parmi ces dernières, qui sont privées de ce bienfait ou qui n'en profitent qu'à demi, étant obligées d'aller mendier le pain de chaque jour, déplorable nécessité qui les met en contact avec ce qu'il y a de plus corrompu dans les derniers rangs de la société, les expose à mille dangers et souvent leur fait perdre tout le fruit d'une première éducation religieuse ! Il était grandement à désirer qu'on portât quelque remède à ce mal et qu'on travaillât à améliorer le sort des orphelines et des jeunes personnes indigentes, si dignes d'intérêt et de compassion, et parce qu'elles ne sont nullement la cause du malheur qui les frappe, et parce qu'elles sont exposées à mille dangers, et parce qu'elles deviennent trop souvent le fléau de la société lorsqu'une éducation religieuse ne les fixe de bonne heure dans le bien.

« Rendons grâces à Celui de qui découle tout ce qui est bon. Il vient de s'établir à Aurillac, au château-bas de Saint-Etienne, une communauté pieuse (la Sainte-Famille) qui se propose de recevoir, à proportion des ressources qu'elle aura : 1º les orphelines qui se présenteront ; 2º les jeunes personnes qui ont de l'attrait pour la vie religieuse, et à qui leur pauvreté ferme souvent l'entrée des couvents ; 3° les sourdes-muettes, aussitôt que l'établissement sera préparé à cet effet ; 4° toutes les jeunes personnes que les parents voudront bien lui confier pour leur apprendre les devoirs d'une bonne chrétienne, et les mettre à même de gagner leur vie ; 5° elle admettra comme pensionnaires seulement les personnes qui auraient le bon désir de vivre retirées. La pension sera très-modique, et proportionnée à leur âge et à leur travail.

. « Les sœurs de la Sainte-Famille nous ont paru plus propres que toutes les autres à remplir ces différentes vues, et ce n'est qu'après avoir pris l'avis des personnnages éminents en science et en vertu, qu'elles ont été appelées. Elles se font remarquer par leur noble simplicité, par les soins maternels qu'elles donnent aux orphelins qu'elles ont le bonheur de posséder.

« Notre illustre prélat, vivement pressé par le désir de faire le bien, applaudit de bon cœur à cette institution de bienfaisance, et lui promet sa protection. Nous sommes persuadés que le vénérable clergé de ce diocèse et surtout celui de l'arrondissement d'Aurillac, que toutes les âmes charitables accueilleront avec un tendre intérêt la communauté de la Sainte-Famille, et la seconderont dans ses vues de miséricorde.

« Il n'y a rien, en effet, qui soit plus digne de leur piété. Soigner les premiers ans d'une orpheline, c'est la préserver d'un naufrage presque certain et la mettre dans le chemin du bonheur ; c'est rendre utile à la société un membre qui probablement lui aurait été nuisible ; et si le ciel doit être la récompense éternelle de ceux qui sont miséricordieux, quelles couronnes n'ont pas lieu d'espérer les bienfaiteurs de ces âmes innocentes dans lesquelles Dieu met toutes ses complaisances! La pauvreté de cette maison est grande, ses ressources pécuniaires sont bien modiques, mais ayons confiance en Celui qui est le père des pauvres. Il bénit les bonnes œuvres qu'il inspire. Déjà un prêtre, né d'une famille respectable d'Aurillac, distingué par sa science et sa piété, membre d'une célèbre congrégation, a eu la sainte pensée de secourir cette maison naissante; il lui destine une généreuse offrande, mais bien insuffisante pour couvrir toutes les dépenses que demande cette grande entreprise. D'autres, animés de son esprit, marcheront bientôt sur ses traces. Nous comptons sur votre bienfaisance, âmes charitables de la ville d'Aurillac et du diocèse, que Dieu veut sanctifier par la pratique des bonnes œuvres; vous vous ferez une gloire et un bonheur de créer et de faire prospérer la communauté de la Sainte-Famille, et les biens qu'elle produira, nous en avons la douce confiance, d'après ce que nous avons vu ailleurs, vous dédommageront des sacrifices que vous aurez faits pour elle, surtout si vous daignez l'aider du secours de vos prières que nous implorons dans les saints cœurs de Jésus, de Marie et de Joseph.

« Ames bienfaisantes qui vous êtes toujours distinguées par votre grande charité, contemplez l'état malheureux des pauvres orphelines, et vaus n'aurez pas de peine à favoriser le développement de la Sainte-Famille par les dons de toute sorte : meubles, linge, argent, et ainsi vous arracherez un grand nombre d'enfants aux dangers qui les menacent, vous aurez la douce satisfaction de voir plusieurs âmes se former à la vertu et la pratiquer avec éclat, et vous contribuerez, pour votre part, à arrêter le dépérissement des mœurs dans une classe de la société où malheureusement il fait des progrès trop alarmants. Nous espérons beaucoup du patronage officieux de MM. les Magistrats de notre département, et spécialement de ceux de la ville d'Aurillac qui se sont toujours montrés si zélés pour ce qui intéresse la société. A cause de ces grands avantages, l'œuvre de la Sainte-Famille doit leur être aussi chère qu'à ceux qui l'ont entreprise, et qui sont disposés à toutes sortes de sacrifices pour la faire réussir, n'ayant d'autres motifs que la gloire de Dieu et le bonheur de la société : *Gloria in excelsis Deo et in terra pax hominibus bonæ voluntatis.*

« MM. les Curés sont priés de communiquer ce prospectus à MM. les prêtres de leur église et à leurs paroissiens, de la manière qu'ils jugeront la plus convenable.

« Vu et approuvé par nous.

« Saint Flour le 23 septembre 1839.

« † FRÉDÉRIC, évêque de St-Flour.

« P. S. Les personnes qui auront des demandes à faire, sont priées de s'adresser à M. l'abbé Murat ou à M. l'abbé Abeil à Aurillac. »

Dans sa sollicitude inquiète pour subvenir à l'entretien de ses établissements, le P. Murat organisa à Aurillac une société de charité dont les statuts portent que tout associé mettra une intention particulière dans ses prières, pour attirer les bénédictions de Dieu sur l'œuvre des orphelines et dira tous les jours à cette même fin, le *Memorare*, puis l'invocation : *Jésus, Marie, Joseph, je vous donne mon cœur, mon esprit et ma vie.* Il fera, en outre, une aumône selon ses facultés. Les avantages spirituels, qu'il en retirera sont nombreux. Pour le bien de son âme, la communauté dira chaque jour un *Pater* et un *Ave*, mettra une intention à la messe, aux offices, fera une communion par semaine, fera célébrer deux messes chaque année et donner une retraite annuelle. Le souverain Pontife accorda plusieurs indulgences à cette pieuse association.

C'est ainsi que l'homme apostolique savait se créer des

ressources. Le local de Saint-Etienne étant insuffisant, la Sainte-Famille, qui triomphait des épreuves des premiers jours et grandissait rapidement, songea à se colloquer ailleurs.

« Ce qu'il y a d'admirable dans cette fondation, raconte M. Abeil, c'est que, dès les commcements, le P. Murat, de concert avec les religieuses, fit l'acquisition de l'enclos que possédait à Aurillac M. Grasset, maire de Mauriac, au prix de quarante mille francs qu'il paya de ses deniers, de ceux du P. Delfour, jésuite, natif d'Aurillac, qui donna dix mille francs de son patrimoine, de ceux aussi de M. de Lafarge, chanoine de Tulle et d'autres personnes charitables. C'est en 1842 que la Sainte-Famille quitta Saint-Etienne et alla habiter la maison Grasset. Plus tard, le P. Murat contribua à la construction de la chapelle, et grâce à sa sollicitude incessante, au zèle des bonnes religieuses qu'il a formées, aux bénédictions de Dieu qu'il a méritées par ses prières, la maison de la Sainte-Famille reçut bon nombre d'élèves, de novices et compta, au bout de quelques années, trois ou quatre succursales dans le diocèse. » Le P. Murat quitta également Saint-Etienne et suivit la Sainte-Famille dans son nouvel établissement.

A côté de la maison Grasset se trouvait une autre maison appartenant à la famille d'Humières ; en 1845, les religieuses l'achetèrent, de sorte que la communauté se vit en possession d'un très-bel enclos, limité au nord par l'église Saint-Géraud. Depuis, la Sainte-Famille n'a fait que prospérer et grandir, grâces aux prières du saint prêtre qui lui donna naissance, aux nobles dévoûments qu'il sut grouper autour de cet établissement, aux pieuses recommandations que, de loin dans les missions, il envoyait écrites à ses chères filles, les religieuses, les orphelines et les ouvrières.

CHAPITRE XVI.

Fondation des frères de St-Viateur. — Établissement d'un refuge à Aurillac.

En même temps qu'il fondait la Sainte-Famille et qu'il faisait jaillir de son sein plusieurs œuvres éminemment utiles, le P. Murat, dont le cœur et l'esprit étaient assez vastes pour embrasser plusieurs œuvres à la fois, travaillait à une autre fondation non moins importante, et qui a eu pour le bien des âmes et de la société les plus beaux résultats.

Méditant dans la lumière de Dieu sur les moyens les plus propres à maintenir dans la vertu les populations qu'il évangélisait, il crut reconnaître qu'un des plus efficaces serait la diffusion de l'instruction religieuse. Plein de cette idée féconde, il conçoit, pour la réaliser, l'établissement d'un Institut dont les membres se livreraient à l'enseignement primaire des jeunes garçons dans les campagnes. Il fait part de son projet à ses amis et à Mgr de Marguerye, évêque de Saint-Flour, et, trouvant dans tous adhésion, aide et protection, il se met à l'œuvre avec son ardeur d'apôtre. Dans la paroisse d'Andelat, près de St-Flour, il rencontre un jeune homme nommé Chargebœuf qui portait dans sa physionomie douce des marques de vocation religieuse ; il s'en empare, lui communique ses pensées, lui donne ses conseils et l'initie peu à peu à l'accomplissement de ses devoirs de l'avenir. C'était le fondement, il fallait d'autres pierres, le P. Murat en trouva de très-aptes à la construction de son édifice.

Mais pour former ces jeunes gens et leur donner une nouvelle vie, l'homme de Dieu, qui toujours avait peu de confiance en ses lumières, crut devoir aller chercher des enseignements, des méthodes et des inspirations auprès des supérieurs de quelque institut du même genre que celui qu'il voulait créer. Il se mit donc en route et se rendit auprès des frères du Mans. Il leur demanda leurs conseils et leurs concours ; mais on ne put s'entendre sur les conditions, et du Mans le P. Murat se rendit à Rennes, chez les frères de M. de Lammenais.

J'ignore quelles conventions furent faites ; mais peu de jours après la rentrée du P. Murat en Auvergne, Mgr de Marguerye envoya à Rennes M. l'abbé Lampre, curé de Vabres, et M. l'abbé Besse, qui fut plus tard curé d'Allanche, et, à leur retour, ils amenèrent un membre de l'institut de Lammenais, le frère André, qut fut destiné à former la nouvelle compagnie d'instituteurs. Le frère André, M. Chargebœuf et quelques autres jeunes gens furent réunis et logés dans une maison de St-Flour, et là, dans le silence de ce premier berceau de l'œuvre, ils commencèrent ensemble à se préparer à leur mission par l'étude et la prière.

Mais, comme toujours à l'origine des créations nouvelles, des épreuves, des difficultés surgirent, et le frère André, après quelques mois de séjour, reprit le chemin de Rennes. Cependant tout ne fut pas épreuve ; il y eut à côté les joies de l'espérance et les clartés naissantes d'un avenir plus heureux. On essaya de faire marcher l'œuvre sans le concours d'une autre communauté. Le P. Murat ne pouvait se mettre à la tete de l'œuvre, les missions l'appelant ailleurs. Mgr de Marguerye confia la direction du nouvel institut à M. l'abbé Juillard, un des compagnons du P. Murat, et qui, lui aussi, tourmenté par le génie de la charité, sentait la nécessité d'instituteurs religieux dans les campagnes.

M. Juillard dirigea les nouveaux frères pendant près de

six ans, de 1840 à 1846. Pendant quatorze mois, M. l'abbé Besse, dont nous avons déjà parlé, lui fut adjoint pour enseigner les mathématiques, de sorte que, de jour en jour, la congrégation naissante grandissait dans le silence. Tandis que le P. Murat prêchait dans le diocèse en faveur de sa création, il envoyait à son collaborateur les jeunes gens qu'il jugeait aptes à remplir dignement le saint ministère de l'enseignement.

Pour subvenir aux dépenses du nouvel institut et aux frais que nécessita le nouvel établissement des lazaristes, comme missionnaires dans le diocèse, Mgr de Marguerye voulut que chaque prêtre souscrivit pour 100 francs payables en quatre annuités.

Ce qui surtout, après la bénédiction de Dieu, contribua le plus à l'organisation de l'institut des frères, ce fut la donation faite à l'évêque, pour les frères, du château des Ternes avec ses dépandances, par madame Spy des Ternes qui, après la mort de son fils unique, ne chercha des consolations à sa douleur qu'en Dieu et dans les œuvres de la charité chrétienne. La maison-mère fut donc transportée de St-Flour aux Ternes. Mais une difficulté grave subsistait toujours : la conscription, cet impôt du sang venait sans cesse jeter des ombres sur les clartés des premières années de l'institut, et menaçait de la faire entrer dans le néant. Les ressources souvent manquaient pour faire exonérer les jeunes gens qui se présentaient. Ce fut une des raisons qui portèrent les fondateurs à affilier les frères de saint Odilon, car c'était là leur nom, à la congrégation des frères de saint Viateur, établie à Vourles, près de Lyon, laquelle jouissait du privilége de l'exemption du service militaire. Cette affiliation eut lieu en 1845. A cette époque, M. Juillard fut nommé curé de Sainte-Christine de Saint-Flour, et M. Chargebœuf lui succéda dans la direction de l'institut. Il a prospéré depuis, et aujourd'hui

(1875) il compte 41 maisons dans divers diocèses. Pour récompenser le P. Murat de son zèle et de son infatigable ardeur à créer de pieuses institutions, le souverain Pontife
lui accorda le titre de *missionnaire apostolique*. Ce fut pour
le saint homme un motif de plus pour se dévouer aux bonnes
œuvres.

Voici encore l'édifiante histoire d'une autre fondation du
P. Murat, la plus belle effusion peut-être de sa charité sacerdotale. Pour mettre à l'abri de tout danger les pécheresses repentantes que son industrieuse éloquence arrachait au
désordre, le P. Murat résolut d'établir à Aurillac un refuge,
et, de concert avec les religieuses de la Sainte-Famille, il
en jeta les fondemens en 1854 ; et cette fois encore, il
réussit. Il fallait des fonds, le P. Murat fit appel à la charité
publique par la circulaire suivante qui témoigne de son
amour et de sa condescendance pour les misères de la pauvre humanité :

« Un grand nombre de filles égarées, tristes victimes du
vice et du désordre, rentreraient dans la bonne voie, mais
elles sont sans ressources et ne peuvent ou n'osent mendier.
Les maîtres honnêtes ne veulent point de leur service, elles
sont donc, en quelque sorte, condamnées à rester dans le
désordre qui les fait vivre. De là, la nécessité d'une maison
de refuge dans chaque diocèse. Celui de Saint-Flour sentait
depuis longtemps la nécessité d'un établissement de ce genre ;
mais les difficultés que rencontrait cette œuvre éminemment
sociale et religieuse, la retardaient. Enfin, la communauté de
la Sainte-Famille d'Aurillac, se confiant en la divine Providence, entreprit de la réaliser en 1854. Elle afferma une
maison et l'ouvrit comme un port après le naufrage. Cet
asile fut bientôt rempli. Les jeunes personnes qui y furent
alors recueillies, comme celles qui l'ont été depuis, ont cor-
respondu aux soins qui leur ont été prodigués ; presque

toutes ont été ramenées à de meilleurs sentiments ; les mauvaises habitudes ont disparu, et l'amour du travail et de la vertu s'est emparé de leur cœur. Quelques-unes, après un séjour plus au moins long, ont été placées en qualité de domestiques, et leurs maîtres n'ont eu qu'à se louer de leurs services et de leur bonne conduite. Les religieuses de la Sainte-Famille, encouragées par ces succès, ont acheté la maison destinée à cette œuvre ; mais à peine a-t-elle un quart de l'étendue nécessaire pour sa destination. 35,000 fr. au moins sont indispensables pour la mettre en rapport avec les besoins du diocèse. La communauté de la Sainte-Famille a fait les premières avances. Pendant quatre ans elle a dépensé 3,000 fr. pour le loyer, et elle a nourri, en grande partie, les pénitentes ; car leur travail est bien loin de pouvoir y suffire. Elle se voit dans la nécessité de faire un appel à la charité publique ; elle espère que le clergé, si dévoué aux bonnes œuvres, ainsi que les âmes bienfaisantes, lui viendront en aide pour achever une entreprise de laquelle dépend le salut d'un grand nombre d'âmes. Déjà quelques ecclésiastiques et autres personnes charitables, ont donné ou promis des secours, mais bien insuffisants pour couvrir toutes les dépenses ; nous espérons que leur exemple sera suivi. Nous savons qu'il y a beaucoup d'autres bonnes œuvres à faire, mais les bonnes œuvres ne se nuisent pas ; au contraire, l'une amène l'autre, et elles se soutiennent mutuellement. Les meilleures entreprises ont des chances plus ou moins certaines, des résultats plus ou moins utiles ; mais en donnant des secours au refuge on est sûr de contribuer au salut d'un grand nombre d'âmes égarées, qui, sans cet asile, se perdraient et entraîneraient dans leur perte un grand nombre de victimes. Il n'y a pas dans le diocèse de paroisses qui, un temps ou l'autre, n'ait quelque personne égarée qui serait un sujet de désolation pour le pasteur et pour les fidèles ; on pourra l'envoyer au Refuge ; ce sera un scandale de moins pour tous.

« Aux yeux de la foi, il ne peut y avoir d'œuvre plus agréable à Dieu et plus méritoire pour ceux qui y contribuent, que celles qui ont pour fin principale le salut des âmes, surtout de celles qui sont égarées, attendu que tout ce que Dieu a fait, soit dans l'ordre naturel, soit dans l'ordre surnaturel, il l'a fait pour le salut des âmes. Or, c'est là l'unique fin qu'on se propose dans la fondation du Refuge. Voilà pourquoi tous les hommes apostoliques, animés de l'esprit de Dieu, ont déployé un si grand zèle pour fonder ces saints asiles, et les succès ont toujours répondu à l'attente. Les Refuges de Clermont, du Puy, de Cahors, de l'aveu de ceux qui les dirigent, ont produit un bien immense. Voici ce que nous écrit M. le curé de la cathédrale de Cahors, auquel nous avons demandé des renseignements sur son Refuge ; il nous dit : « Qu'une expérience de 25 ans « lui a appris que les Refuges n'ont pas les inconvénients « que prétendent certaines personnes ; qu'on n'a qu'à s'ap-« plaudir du succès constant de cette œuvre de charité ; « qu'il est bien grand le nombre des infortunées victimes « du vice que cette sainte maison a retirées du bourbier « pour les placer dans le ciel, à la suite de sainte Magde-« leine. »

« Nous ajoutons les réflexions d'un homme rempli de l'esprit de Dieu sur un Refuge de la capitale : « Les mœurs « sont la pierre angulaire de l'édifice social ; or, ce sont les « mœurs de la femme qui font celles de l'homme. La jeune « fille, abandonnée à elle-même après sa chute, celle sur-« tout à qui manque l'éducation religieuse ; la famille, le « pain, du travail et souvent un abri, voilà où l'immoralité « vient recruter ses victimes et bientôt son armée de com-« plices. Recueillir toutes ces pauvres créatures de Dieu,

« les placer sous une direction profondément chrétienne,
« leur faire goûter toutes les joies d'une vie pure et sainte,
« c'est là une œuvre d'une haute portée sociale, la plus
« urgente et la plus belle peut-être qu'ait jamais créée le
« génie de la charité chrétienne. »

« Autorisé par Mgr l'évêque, qui porte un grand intérêt
à cette œuvre, nous prions instamment tous les membres
du clergé et toutes les âmes bienfaisantes de faire une
offrande au Refuge, et spécialement MM. les curés et
MM. les vicaires de recueillir ou de faire recueillir, par des
personnes zélées, celles que les âmes charitables voudront
bien faire. Nous leur serons infiniment reconnaissant s'ils
daignent faire connaître à leurs paroissiens une œuvre si
propre à exciter la sympathie des âmes charitables, et de
leur faire connaître les avantages qui y sont attachés.

« Outre les prières journalières qui se font à la communauté et au Refuge pour les bienfaiteurs, trois messes
seront dites tous les ans à leur intention.

« Aurillac, 15 juin 1858.

« L'abbé Murat, miss. apostolique. »

Les secours, dûs à l'inépuisable trésor de la charité
chrétienne, où le P. Murat savait puiser sans le tarir, per-
mirent au Refuge de se constituer solidement. L'homme
apostolique, qui habitait un des bâtiments du couvent de la
Sainte-Famille, allait donner ses soins aux filles repenties,
les catéchisait, les encourageait, les faisait remonter, avec
le secours de la grâce, du fond de l'abîme jusqu'au sommet
lumineux de la vertu chrétienne. Cette œuvre, comme les
autres, il la vit prospérer et grandir, consolation bien méri-
tée qui remplissait le cœur du saint vieillard d'une effusion
inouïe d'amour et de joie célestes. C'est ainsi que Dieu
multiplia ses bienfaits avec ses années et prolongea sa charité avec sa vie.

CHAPITRE XVII.

Un mot sur les vertus du P. Murat.

Cependant la vieillesse venait et le vénérable missionnaire, épuisé par les travaux d'un long apostolat, privé en
partie du sens de l'ouïe, voyait avec peine — car le zèle
de Dieu le dévorait toujours — venir le moment où il serait
obligé de quitter ses chères missions et de mettre bas les
armes. Ce moment arriva, en effet, et alors Mgr de Pompignac, évêque de Saint-Flour, interprète des vœux de son
clergé, suivant d'ailleurs la noble inspiration de son cœur,
voulut récompenser les pénibles labeurs du missionnaire
apostolique et lui offrit une place de chanoine titulaire dans
sa cathédrale. Mais l'humble serviteur de Dieu remercia
l'évêque. « Il préféra, dit M. Clauzet, se retirer dans l'hospice de Salers, pour y finir ses jours au milieu des pauvres
qu'il avait si tendrement aimés, et qui lui présenteraient
une plus vive image de Jésus-Christ, de l'Homme-Dieu
qui a élevé, honoré, consacré la pauvreté et par sa parole
et par son exemple. Dans ce modeste asile, il se consolait
par la prière et la méditation des vérités éternelles, de ne
pouvoir plus travailler avec l'ardeur d'autrefois à la gloire
de l'Eglise et au salut des âmes. »

L'hospice de Salers, c'était cette ancienne maison des
missionnaires dont nous avons parlé, qui avait pour le

P. Murat des souvenirs heureux, une harmonie divine. C'est dans cette solitude aimée, au milieu des silencieuses et froides montagnes de la Haute-Auvergne, que l'homme de Dieu, au déclin de la vie, acheva de se sanctifier dans les rudes labeurs de la'plus âpre pénitence, et se prépara au terrible passage du temps à l'éternité.

Le P. Murat avait fait sa résidence au château de Saint-Etienne de 1828 à 1843, époque à laquelle il avait suivi la Sainte-Famille dans sa nouvelle habitation, près de l'église de Saint-Géraud. C'est en 1863 qu'il quitta définitivement cette demeure, pour aller fixer sa dernière tente à Salers, attiré par l'amour de la solitude, par les charmes du désert et d'une nature plus favorable aux saintes contemplations.

Un des motifs qui le déterminèrent à se choisir pour dernière demeure l'hospice des montagnes, ce fut l'amour des pauvres et de la pauvreté. Cette vertu fut toujours chère à son cœur. Il vécut pauvre et il mourut pauvre, ne laissant à ses héritiers que ses instruments de pénitence. Il n'a jamais compris qu'un prêtre pût s'attacher aux biens de la terre. Pourquoi se faire prêtre, quand on veut amasser de l'or ? Ne vaut-il pas mieux rester dans le monde? Un ministre de Jésus-Christ, disait-il, doit fuir le luxe et le bien-être, à l'exemple du divin crucifié. Un jour sa mère, confuse de le voir tout pauvrement vêtu, lui procura une soutane neuve. Il la donna à un pauvre, et la bonne mère ne sut pas si elle devait s'affliger ou se réjouir de cette action de son fils. A Salers, au milieu des infirmes, il donnait l'exemple de toutes les vertus, et là comme ailleurs, ses paroles étaient des oracles, et ses conseils une lumière. Il se levait de bon matin, faisait une heure d'oraison, disait la sainte messe à laquelle assistaient les religieuses et les pauvres ; puis, pendant le jour, il conduisait à la chapelle tous les membres souffrants de Jésus-Christ et faisait avec eux le chemin de la croix ou récitait le chapelet en commun. Il habitait plutôt cette chapelle que sa chambre, se tenant sans cesse debout devant les hommes, à genoux devant Dieu, pour instruire et pour prier. Presque tous les jours, il adressait quelques paroles d'édification à ces amis de Dieu qui l'entouraient, les instruisait, les aidait à supporter leurs infirmités par le tableau qu'il leur faisait des richesses du Ciel et par l'explication de ces paroles : *Bienheureux les pauvres, parce que le royaume de Dieu leur appartient.*

Dès les premières années de sa vie sacerdotale, le P. Murat se vit entouré d'une réputation de sainteté qu'il devait à la pratique constante de toutes les vertus, à l'austérité de ses mœurs. Une véritable cellule monastique peu meublée, sans feu même dans les plus rigoureux hivers, était sa demeure à la Sainte-Famille, au château de Saint-Etienne, à Salers, quelquefois pourtant il se permettait l'usage d'un chauffe pied.

M. Juillard, un de ses compagnons, raconte que le P. Murat dans les missions l'avait chargé de l'éveiller de très-bonne heure ; mais, dit-il, comme je savais qu'il se couchait très-tard, je l'éveillais bien rarement, et alors il me grondait, mais sans me corriger. Souvent, ajoute-t-il, je le trouvais dormant tout habillé. « Ordinairement, dit à son tour M. Abeil, le P. Murat dormait quatre heures. Au repos le dernier, au travail le premier, il était d'une excessive activité. Le soir après le souper, il donnait à ses collaborateurs le sujet d'oraison qu'il prenait souvent dans le P. Médaille, et, malgré l'excessive fatigue de la journée, il s'animait de manière à exciter dans tous les cœurs une émotion profonde. Il était d'une grande sobriété, et le cilice était un de ses vêtements ordinaires. Je me rappelais, en le

voyant, le P. de Bussy dans les missions, vivant en anachorète dans le but fraternel d'obtenir de Dieu le plus de
conversions possibles. »

Chose étonnante mais certaine ! les populations avaient
une foi si ferme en la sainteté du P. Murat, qu'elles croyaient sincèrement qu'il faisait des miracles. A tort ou à
raison, on lui en a attribué plusieurs. Je dis à tort ou à raison, car je n'ai point cherché à savoir si ces faits merveilleux étaient authentiques ou non, et je ne les raconte ici
que comme des révélations de l'opinion publique à l'égard
du saint missionnaire.

Etant vicaire à Fontanges, le P. Murat disait un jour la
messe devant une nombreusee assistance. Tout à coup
l'hostie paraît tout en sang. Les fidèles s'en aperçoivent ;
le maire de la commune lui-même monte à l'autel et demande
au prêtre s'il a besoin de quelque assistance. L'enfant de
chœur qui servait la messe, devenu homme, a toujours
affirmé le fait sans pouvoir l'expliquer. L'autorité ecclésiastique informée conseilla le silence pour ne pas exciter les
susceptibilités des impies de l'époque. A Mentières, personne ne doutait des apparitions de la Sainte Vierge au
P. Murat. Un jour une personne se rendant à la sacristie vit
le P. Murat parlant à une dame d'une éblouissante beauté qui
n'était autre que la Mère de Dieu. Un enfant, le jour de sa
première communion, se rendant à la sacristie pour se réconcilier, aperçoit la même vision, et cependant aucune dame
n'était entrée dans la sacristie. Dans le Limousin, on raconte
de semblables apparitions ; on ajoute que plusieurs fois le
saint missionnaire, allant d'une paroisse à l'autre, rencontra
le démon qui s'efforçait de l'effrayer, de le détourner de son
chemin et de la mission qu'il devait commencer. Je ne dis
pas que ces faits soient vrais, néanmoins je dis que ces récits
prouvent la sainteté du P. Murat. On n'attribue pas le pri-

vilége des communications avec Dieu et avec les puissances surnaturelles à un homme qu'on ne croit pas saint, et généralement on ne regarde pas comme saint un homme qui ne l'est pas.

A l'amour de la pauvreté et de la mortification, le P. Murat joignait un détachement complet de sa famille. Il aimait sa parenté, mais d'un amour surhumain, et quand il la visitait, c'était moins pour satisfaire l'inclination de son cœur naturellement bon, que pour procurer aux parents quelque avantage spirituel et semer dans l'âme des amis de sa jeunesse la semence du salut. Aussi, quand les voisins apprenaient son arrivée au sein de sa famille, venaient-ils en toute hâte se presser autour du saint homme, comme ils l'appelaient, pour recueillir de sa bouche quelques paroles d'édification. Personne ne le quittait sans se sentir enclin à mieux faire, car la sainteté qui reluisait dans la personne du saint prêtre, parlait aussi éloquemment que son éloquente voix.

« Quel grand exemple, dit M. Abeil, que la retraite du P. Murat à Salers, au sein de la pauvreté ! La maison paternelle, à Neuvéglise, ses fondations d'Aurillac, le chapitre cathédral à Saint-Flour, le désiraient, l'appelaient, mais non ; exilé volontaire, ne cherchant que la solitude et le tombeau, il préféra la maison des pauvres. Une chose m'a frappé, lorsque, un an avant sa mort, je suis allé le voir à Salers et lui demander une dernière bénédiction, je l'ai trouvé, malgré son âge, malgré la privation presque totale de la vue et de l'ouïe, ne retranchant rien de ses exercices spirituels, ne laissant ni ses longues prières, ni ses méditations sans fin, ni la messe, ni le chapelet, ni le chemin de la croix, ni les lectures pieuses qu'il se faisait faire et sur lesquelles ensuite il glosait avec les religieuses et les pauvres. »

Comme échelon de la sainteté, le mépris du monde venait

s'ajouter aux autres vertus. Le P. Murat n'a jamais aimé la vie mondaine et confortable. En pleine jeunesse, au moment où le cœur a le plus besoin d'expansion, le futur missionnaire écrivait, on s'en souvient, à son directeur une lettre dans laquelle il manifestait son dégoût pour la société et pour le monde, ce fut là un défaut dont il ne se corrigea jamais. Au-dessus de la nature physique, de l'intelligence humaine, il y a l'esprit de Dieu, cet esprit qui élève l'âme jusqu'aux régions surnaturelles et la gouverne en maître. Eh bien ! cet esprit était avec toute sa libre puissance dans le saint missionnaire. C'est cet esprit qui le dirigeait, le mouvait et le menait d'œuvre en œuvre, étendant ses connaissances, agrandissant ses vues, rectifiant ses idées, donnant de la justesse à son jugement, et à ses desseins de la maturité. Le P. Murat était absorbé par l'idée divine ; l'humain chez lui était tout pénétré du surnaturel, de sorte que rien ne le touchait des choses de ce monde. Parler de commerce, d'industrie, de spéculation, était fastidieux pour lui ; mais dirigeait-on la conversation vers des sujets pieux, les missions, les bonnes œuvres, toute cette politique sainte qu'on appelle salut des âmes, il s'épanouissait, s'animait, parlait sans tarir, et l'Esprit-Saint, l'ayant en sa pleine possession, le menait où il voulait, en faisait l'instrument soumis de ses volontés, de sorte que le saint homme, avec des connaissances humaines fort ordinaires, ne laissait pas que de porter les plus vives lumières dans les âmes, et les plus tendres sentiments dans les cœurs.

C'est encore cet esprit de Dieu qui suscitait dans le P. Murat ce grand amour de l'Eglise qu'il porta si haut ; car il se fit toujours remarquer parmi les plus soumis et les plus ardents défenseurs de ce qu'on appelait alors les *opinions ultramontaines*. Cette Eglise, fille de Jésus-Christ, créatrice du royaume des âmes, qui possède, elle seule, le dépôt des vérités éternelles et le trésor des sacrements, il la chérissait d'un amour infini, et, par suite, il se réjouissait de ses triomphes et s'attristait de ses défaites.

Que dirons-nous de sa charité ! Ses œuvres parlent assez haut. Quand on considère, en effet, ses fondations, ses missions, ses œuvres de toute sorte, on est obligé de s'écrier : il y a eu dans le cœur du fondateur une charité poussée jusqu'à l'héroïsme. Le P. Murat aimait comme Dieu aime pour l'éternité plus que pour la terre, amour selon la foi, selon l'ordre divin, tout surnaturel, et qui avait pour unique objet les beautés de l'âme et les beautés de Dieu.

CHAPITRE XVIII

Zèle du P. Murat

La vertu la plus éminente du P. Murat était le zèle du salut des âmes. Ceux qui l'ont connu, et ils sont encore nombreux, peuvent rendre témoignage de la vivacité de ce sentiment surnaturel qui le portait avec force à faire connaître, aimer et servir Dieu, à combattre partout le mal avec une ardeur et une constance qui ne faiblissaient jamais.

Le zèle c'est l'explosion incessante de l'amour des âmes. Plus cet amour est fort, plus le zèle est véhément ; il brise les obstacles, et quand il ne peut les briser, il en manifeste ses regrets par ses soupirs, ses larmes, sa douleur. Qualité indispensable à celui qui est chargé de la conduite des âmes et qui doit être l'image vivante de Dieu sur la terre, le zèle doit être hardi, persévérant, mais prudent, calme et doux.

Le P. Murat fut toujours dévoré de ce zèle. Les premières étincelles de ce feu sacré parurent dès les années de sa jeunesse. Nous avons vu le saint jeune homme, dans la fondation du Petit-Séminaire de Pleaux, faisant trois classes par jour, travaillant même pendant les récréations et dirigeant avec un religieux courage cette maison dans les labeurs douloureux de sa naissance. A Fontanges il poussa le zèle jusqu'à la ruine de sa santé. A Mentières, il ne tenait pas dans son presbytère et courait sans cesse, d'une paroisse à l'autre, prêchant et confessant, malgré les re-

6*

montrances réitérées de l'autorité ecclésiastique. Il n'y avait qu'un moyen de l'arrêter, c'était de l'interdire. Dans ses fondations, dans ses courses apostoliques, durant ses cinquante ans de missions, partout et toujours, dévoûment absolu, travail opiniâtre, véhémence enthousiaste, un saint entêtement, comme disait M. de Rochebrune.

Une passion divine le dominait, le tourmentait, le menait d'un diocèse à l'autre, d'une œuvre à une œuvre, sans trêve ni repos. Ses forces physiques et morales étaient sans cesse en activité; il les dépensait à créer de nouvelles associations, à réorganiser les anciennes, à diriger les vocations, corriger les vicieux, arrêter les scandales, former les âmes à la piété, seconder l'opération de la grâce dans les cœurs. Sans cesse son esprit étudiait, préparait, appliquait les moyens de succès. Le travail était pour lui comme l'eau aux poissons, le soleil à la nature, un besoin, une nécessité.

Nature généreuse et vaillante, plein de mépris pour toute considération humaine, invincible sur le terrain de la charité apostolique, le P. Murat allait d'instinct à tout ce qui portait le caractère de dévoûment. Toutes les œuvres qui pouvaient procurer quelque bien à l'humanité, il les créait, il les favorisait du moins, les développait de son mieux et leur suscitait de toutes parts des aides et des soutiens.

Quand il parvenait à économiser quelques pièces de monnaie, il les envoyait à son neveu, M. Chopy, directeur au Grand-Séminaire de St-Flour, qui devait les employer à favoriser les vocations ecclésiastiques.

L'œuvre de la Propagation de la Foi, celle de la Sainte-Enfance, le culte de Saint-Joseph, la dévotion aux Sacrés-Cœurs de Jésus et de Marie, étaient l'objet bien-aimé et constant de la sollicitude du vénérable missionnaire. Il en parlait en chaire, au confessionnal, en récréation, dans les communautés, ne laissant jamais échapper l'occasion de produire en leur faveur un élan de son amour.

Le zèle a ses joies et ses tristesses : ses joies dans le succès, ses tristesses dans la défaite; le P. Murat acceptait les unes et les autres avec une égale humeur, sans trouble et sans orgueil; jamais de présomption, mais jamais de découragement. Plus les difficultés grandissaient, plus son zèle s'enflammait.

Même dans son extrême vieillesse, le serviteur de Dieu rêvait à de nouvelles conquêtes et se surprenait à combiner de nouveaux plans d'œuvres pieuses; il aurait voulu faire régner Dieu sur toutes les intelligences, sur toutes les volontés, sur l'univers entier.

Le plus grand bonheur qu'on pût lui procurer, c'était de l'inviter à prêcher, et on a encore le souvenir, dans plusieurs paroisses, de la joie, de l'ardeur que ce vénérable vieillard de 80 ans mettait à donner des retraites, à préparer les fidèles aux grâces du jubilé, et, quoique son ministère fût incomplet, à cause de sa surdité, il produisait néanmoins un effet salutaire, et les populations, en voyant ce prêtre si austère, se sentaient émues, irrésistiblement portées à la vertu. Sa présence était une prédication.

On lui faisait un reproche, celui d'avoir trop de zèle, de vouloir travailler alors que ses infirmités lui imposaient le repos. C'est vrai; ses forces parfois le trahissaient. Mais on aurait dû comprendre combien il en coûte à une âme de la trempe de celle du P. Murat de s'arrêter dans le travail du ministère apostolique. Voir périr les âmes et ne rien faire pour les sauver et se condamner au repos, c'est plus qu'un sacrifice, c'est un supplice.

Je ne prétends pas que le P. Murat fût exempt des infirmités inhérentes à la nature humaine. Vouloir que les saints aient été sans défauts, c'est méconnaître l'infirmité de notre origine , c'est amoindrir les mérites de ces saints, c'est aussi dérober à Dieu la gloire du triomphe de la grâce dans les âmes. Le P. Murat avait les défauts de ses qualités ; s'il péchait, c'était par excès de zèle. Heureux péché ! Que je voudrais que tout le monde en fût coupable !

Enfin, disons un dernier trait du zèle du saint vieillard : En 1869, peu de temps avant sa mort, il avait tellement à cœur l'établissement de l'Adoration-Perpétuelle, dont s'occupait Mgr de Pompignac, qu'il ne se donnait pas de repos. Ne pouvant aller prêcher l'œuvre nouvelle, il se dédommageait en la recommandant avec instance au zèle des curés, aux prières des communautés religieuses et à celles des fidèles qu'il voyait dans sa solitude austère de Salers. Craignant un jour que l'évêque , à cause des nombreuses difficultés qu'il rencontrait , n'abandonnât l'entreprise , il formula une supplique , au bas de laquelle il fit apposer le plus grand nombre de signatures possible, et dans laquelle il conjurait le vénérable prélat de ne pas se décourager, de marcher résolûment au but.

L'œuvre fut établie, et Mgr de Pompignac , à la retraite pastorale prêchée à Pleaux la même année , 1869, dit un jour en chaire ces mémorables paroles : « Dans l'établissement de l'Adoration-Perpétuelle , j'ai trouvé un grand secours dans les avis et les prières du P. Murat ; il était impatient de la voir s'établir dans le diocèse et il m'accusait de lenteur. Oh ! comme il priait ! J'ai vu alors un effet merveilleux de la puissance de ses prières, et je ne voudrais pas recevoir tous les coups de discipline que le saint homme s'est donnés pour obtenir de Dieu le succès de l'œuvre. »

Quand l'évêque prononça ces paroles, le serviteur de Dieu n'était plus de ce monde. L'heure suprême était venue.

CHAPITRE XIX.

Mort du P. Murat.

Lorsqu'un chrétien est arrivé au terme de la vie, après avoir vu disparaître les amis et les parents, après avoir appris à se soumettre aux volontés de Dieu, à sourire au milieu des douleurs, il se retire en lui-même, solitaire et pensif, délivré des enchantements du monde, lassé des longues erreurs, détrompé des vaines espérances, dégoûté des honneurs qui éblouissaient sa jeunesse.

La vieillesse et le travail ont épuisé ses forces; ses passions sont éteintes; la vie ne jette plus que de mourantes étincelles, et la mort commence à l'envelopper de ses ombres lumineuses. C'est l'heure propice où les rayons de la vérité pénètrent plus avant dans les âmes et où, par conséquent, le commerce de l'homme avec Dieu est plus intime.

Dans cette retraite, où il attend en paix l'heure désirée de son repos, étranger dans l'univers, il charme le soin de sa vie par la méditation des vérités divines, et, à la lueur de cette lampe mystérieuse qu'on appelle la mort, il jette ses regards dans les profondeurs de l'éternité, dans ces régions qui n'ont ni rivages ni écueils, où d'invisibles essaims d'esprits célèbrent la gloire du Créateur dans des concerts que les humains ne peuvent entendre.

Là , dans ces hauteurs, l'homme pieux sonde les profondeurs de sa destinée et entrevoit la perspective de son bienheureux avenir. Il n'a plus alors de ces soins qui vont jusqu'à l'inquiétude , de ces craintes qui vont jusqu'à la terreur. A l'abri des noirs soucis , des terrestres alarmes, des vapeurs mélancoliques , il en contemple les sombres nuages qui courent au-dessous de la région qu'il habite. La foudre qui s'allume dans leur sein ne l'atteint plus , et le vain bruit du monde excite sa pitié sans troubler son repos. Dn haut de ce ciel serein ; il découvre à peine les têtes couronnées des rois et il les voit sans envie , eux et leurs sujets, comme un troupeau perdu sur la pente nébuleuse de quelque vallée lointaine. Son front est calme et son âme tranquille. Avec quels transports son cœur s'élance vers Dieu dans ces instants où la prière l'introduit dans le sanctuaire de l'Eternel et attire des flots de lumière sur l'heure fortunée où Dieu lui donne audience! A la vue de la Majesté divine , au sein des clartés de l'autre monde, son âme , saisie de respect et d'admiration , s'ouvre sans effort aux douces influences de la grâce et, restant passive sous l'impression des merveilles qui l'entourent , elle ne s'oppose plus à l'Esprit-Saint qui veut s'emparer d'elle. L'admiration donne naissance au plaisir, et le plaisir, enchaînant les facultés vaincues , la livre sans résistance à Dieu.

Tel était l'état d'âme du P. Murat dans les derniers jours de sa vie terrestre. Toutes ses pensées montaient vers les cieux avec tous ses désirs; il était sans cesse en prière et en méditation. Privé en partie de l'usage des yeux du corps, il ne pouvait contempler les beautés de la nature ; mais , favorisé d'une vue intérieure puissante , il portait de clairvoyants regards sur le monde des esprits. Se sentant née pour être éternelle et heureuse, son âme, devançant l'heure de Dieu , semblait vouloir déjà fixer sa demeure dans l'immortel Eden. Mais enfin l'heure arriva.

Dans les premiers mois de l'année 1869, sauf les deux infirmités dont nous avons parlé, la santé du vieillard était relativement bonne. Mais bientôt les forces physiques l'abandonnèrent. La révérende Mère-Supérieure de l'hospice, qui avait pour le P. Murat une vénération sans égale et qui le servait avec un dévoûment sans bornes, le voyant dans un grand état de faiblesse, conçut des craintes et crut prudent de ne point le laisser seul pendant la nuit ; elle pria un des plus valides des infirmes de la maison de coucher dans un coin de la chambre du malade.

Arriva une singulière aventure qui réjouit fort et édifia tout à la fois la communauté : Une nuit, l'homme qui veillait le saint vieillard fut soudain réveillé en sursaut par un bruit qui se faisait entendre vers le lit du P. Murat. Ne comprenant rien aux coups redoublés qu'il entendait et qui produisaient un sifflement étrange, effrayé, il court vers la chambre de Mme la supérieure, en criant que le diable battait le P. Murat. La bonne Mère demanda quelques explications et, comprenant bientôt d'où provenait le bruit, se mit à rire et renvoya le gardien rassuré par l'explication qu'elle lui donna du mystère. Le mystère était que le P. Murat , ignorant qu'on lui eût donné un garde-malade, lequel il ne pouvait voir ni entendre puisqu'il était aveugle et sourd, s'était, selon son habitude, armé de son instrument de pénitence et s'en était frappé à coups redoublés.

Ce fait, dans sa simplicité naïve, prouve une chose très-sérieuse, que le P. Murat porta jusqu'à la mort l'amour et la pratique de la mortification la plus austère. Sa faiblesse augmentait ; l'indomptable énergie de sa volonté cédait enfin sous le poids d'un corps qui allait à grands pas vers la dissolution. Tout absorbé en Dieu , le résigné moribond

donna pendant quelques jours peu de signes de vie extérieure. Le nuage de la mort s'épaississait autour de cette
existence à son couchant. Enfin, plein de joies et de mérites, le saint quitta ce monde sans regret, sans douleur,
presque sans agonie, muni des Sacrements, et son âme,
purifiée par le souffle de Dieu, alla continuer au Ciel, dans
un rayonnement plus lumineux, son vol sublime parmi les
anges et les saints. C'était le 4 juillet 1869. L'auguste dé-
funt était âgé de 83 ans.

Cette mort fut un douloureux événement pour l'hospice
de Salers, et de là, rapidement, une émotion douce et
pieuse se communiqua à la ville et au diocèse. Pauvres et
riches s'unirent dans un même sentiment de reconnaissance
et de vénération pour cette noble existence disparue. On fit
foule dans la salle où le corps avait été exposé. L'immorta-
lité semblait reluire sur son front serein; on accourait pour
aspirer quelque chose de cette sainteté, et on ne lui laissa
de cheveux et d'habits que ce qu'on ne put ravir.

Les obsèques furent relativement solennelles. Les bonnes
sœurs et les infirmes de l'hospice voulaient garder au milieu d'eux les dépouilles mortelles de celui qui leur avait
fait tant de bien et dit tant de saintes choses ; mais cette
faveur leur fut refusée, au grand contentement de la ville,
qui préférait voir le saint au milieu de ses morts. Le
P. Murat fut donc déposé dans le cimetière de la paroisse.
Un clergé nombreux, toutes les communautés, presque
tous les habitants de Salers l'accompagnèrent jusqu'à la
porte de l'éternité, de pieuses larmes dans les yeux et sur
les lèvres l'expression de la vénération la plus profonde.

« Il n'y eut rien, écrit M. Clauzet, de cette tristesse sombre qui, d'ordinaire, environne ces lugubres cérémonies.
Les habitants de Salers, qui s'étaient fait un devoir de l'accompagner presque tous à sa dernière demeure, croyaient

assister à l'enterrement d'un saint et se sentaient plutôt portés à invoquer son intercession auprès de Dieu qu'à prier pour le repos de son âme. Le diocèse partage cette opinion. »

A l'église, M. le curé doyen de Salers avait prononcé une touchante allocution dont voici quelques extraits :

« Mes vénérés confrères, mes chers paroissiens, autour de ce cercueil, nous sommes tous sous l'impression des mêmes sentiments de tristesse et de regret. Je ne pourrai les exprimer que d'une manière bien imparfaite, en adressant un dernier et suprême adieu au saint prêtre qui vient de nous quitter; mais votre pieuse vénération et votre douleur suppléeront à la faiblesse de ma parole....

« Quel prêtre fut jamais plus dévoué aux intérêts de Dieu et des âmes que le bon P. Murat? Pendant plus d'un demi-siècle n'a-t-il pas admirablement réalisé le beau titre de *missionnaire apostolique* dont la confiance du Saint-Siége l'avait investi?...

« On raconte que des guerriers, passant devant le tombeau d'un grand capitaine, firent toucher leurs épées à ce monument de la mort dans la pensée que, de la poussière inanimée du héros, s'échapperait encore une vertu mystérieuse capable de ranimer leur courage et de grandir leur valeur. Nous aussi, ministres du Seigneur, venons autour de ce cercueil raviver notre foi, enflammer notre zèle au souvenir des touchants et précieux exemples de cet homme de Dieu. Les vertus du P. Murat furent des vertus vraiment héroïques dans leur simplicité, et vous savez bien tous qu'il suffisait de l'approcher pour se sentir saintement impressionné et pour respirer comme un parfum de piété qui s'exhalait sans cesse de son âme éminemment sacerdotale.

« Que vous dirai-je, mes frères, de son zèle? Personne

n'i nore qu'il fut toujours un véritable apôtre. Quelle est l'œuvre importante , accomplie dans le diocèse depuis cinquante ans , à laquelle il n'ait pris une part très-active?... Son activité infatigable et son pieux dévoûment ont coopéré largement à tout. Le zèle des âmes ! Ah ! c'était comme un souffle brûlant qui s'exhalait sans cesse de son cœur apostolique. Est-il une chaire dans ce diocèse , je dirai même dans un diocèse voisin , celui de Tulle , qu'il affectionnait presque à l'égal du nôtre , est-il une chaire chrétienne où sa parole n'ait tour à tour excité le repentir et ravivé les ardeurs de l'amour divin ? Est-il un confessionnal , dans ces deux diocèses , où il ne se soit assis pour bénir, consoler et pardonner !...

« Vous parlerai-je de son attrait pour la prière? Elle était la douce et incessante respiration de son âme; de son amour pour les pauvres? Il les aimait comme ses frères , comme les membres privilégiés du corps mystique de Jésus-Christ ; de son humilité ? Il nous en a donné un suprême et touchant exemple quand il s'est retiré au milieu des délaissés de ce monde.

« Et vous, les héritiers de sa piété et de ses vertus, ses neveux chéris (1), accourus pour assister à ses derniers moments , ne nous enviez pas l'avantage de posséder ses restes ! Il voulut, ce fut son dernier vœu, reposer au milieu de cette religieuse population de Salers qui fut toujours chère à son cœur. Et nous , nous ne sommes pas moins jaloux de conserver avec respect la dépouille mortelle de cet homme vénérable qui , après nous avoir donné de si beaux exemples sur la terre , ne cessera pas de prier pour nous dans le ciel. »

(1) M. Chopy, lazariste, économe au Grand-Séminaire de St-Flour, et M. Griffoul, vicaire à Neuvéglise.

Ainsi vécut, ainsi mourut le P. Murat, figure vraiment sacerdotale, type parfait du prêtre, la miséricorde en action, modèle accompli du missionnaire, père selon le cœur de Dieu qui a laissé pour tout héritage à ses enfants selon la grâce l'exemple des plus belles vertus. Sa tombe repose en silence et bénie sous le sombre ciel de Salers, battue par les grands vents des montagnes; mais lui, du haut de la gloire, hors des atteintes des révolutions humaines, il assiste, paisible et heureux, aux résultats féconds que produisent les œuvres qu'il créa. Assuré qu'il est pour jamais de sa propre félicité il pense à nous, et notre salut est encore pour lui l'objet d'une tendre sollicitude.

Que Dieu nous donne souvent des hommes de ce courage et de cette vertu.

FIN.

TABLE DES MATIÈRES

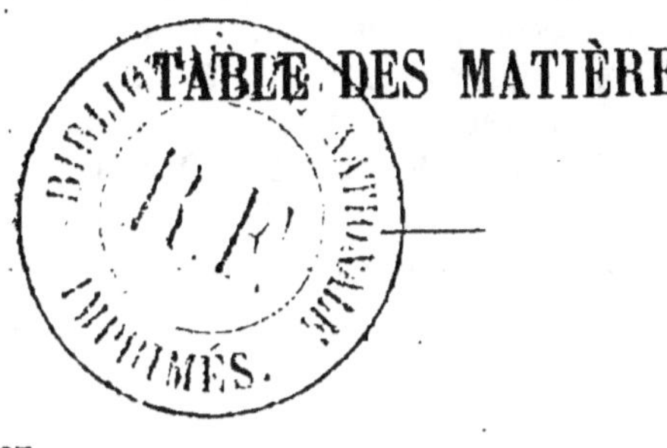

Aurillac.— Imprimerie de L. Bonnet-Picut.